中公新書 2416

小山聡子著

浄土真宗とは何か

親鸞の教えとその系譜

中央公論新社刊

まえがき

浄土真宗《じょうどしんしゅう》は、親鸞《しんらん》（一一七三―一二六二）を開祖とする、日本最大の仏教宗派である。親鸞が生きた時代には、経典読誦《きょうてんどくじゅ》や念仏《ねんぶつ》は呪術《じゅじゅつ》であり、それによって現世利益《げんぜりやく》を期待し、さらには極楽往生《ごくらくおうじょう》できると考えることが当たり前であった。ここでいう呪術とは、仏菩薩《ぶつぼさつ》や神に由来する超自然的な力をもとに、求める現象を引き起こそうとする行為である。呪術が日常的に行われるなかで親鸞は、悟りも正しい修行もない末法《まっぽう》の世に生きていることを根拠に、もはや自己の努力による修行で成仏や往生を得ることはできないと説き、自力《じりき》による成仏や往生を否定した。ただひたすらに阿弥陀仏《あみだぶつ》の力にすがり、その居所である極楽浄土へと導いてもらえるのを信じ、念仏を称《とな》えることが肝要だとしたのである。親鸞は、阿弥陀仏の力、つまり他力《たりき》によってのみ極楽往生が可能だと考えた。

親鸞の教えは、一見すると革新的かつ分かりやすく見える。親鸞自身も、自分の教えを易《い》行《ぎょう》であるとした。しかし、呪術が日常的に行われていた時代に、はたして人々に容易に受け入れられたのだろうか。

親鸞聖人像（別名熊皮御影、所蔵・画像提供　奈良国立博物館、撮影　森村欣司）

本書では、親鸞の師法《ほう》然《ねん》やその弟子、親鸞、親鸞の家族、継承者、さらには浄土真宗教団を確立した蓮如《れんにょ》の教えと信仰を、理想化するのではなく学問的な立場から歴史の中に位置づけ、具体的に明らかにしていきたい。そうすることによって、これまで論じられてこなかった彼らの新たな姿を浮き彫りにすることができると考えるからである。個々人の信仰の真髄は、病気や臨終といった生命の危機に瀕《ひん》した時にこそ、露《あら》わとなる。そこで、彼らの病気への対処や臨終のあり方に触れながら、その教えと信仰について明らかにしたい。

まず序章では、親鸞以前の平安仏教について概観する。親鸞は、青年時代を天台宗《てんだいしゅう》の僧として総本山比叡山延暦寺《ひえいざんえんりゃくじ》で過ごした。天台宗は、国家や貴族から密教《みっきょう》の呪術的な面を求められ、種々の祈禱《きとう》に携わっていた。また、天台僧源信《げんしん》の登場は、平安浄土教の確立と隆盛をもたらした。そこで、源信の『往生要集《おうじょうようしゅう》』を中心に、平安時代の浄土教について述べたい。『往生要集』の影響のもと一〇世紀末頃から天台宗や貴族社会を中心に臨終行儀《りんじゅうぎょうぎ》（臨終の作法）が重要視されはじめる。いわば、自力による極楽往生を目指したのである。このような天台宗の信仰は、結果として親鸞やその家族、継承者の信仰にも大きな影響を与えることになる。

第一章では、親鸞の師であり、のちに浄土宗の開祖とされる法然の教えと信仰について論じる。法然は、比叡山から下山し、念仏以外の行は不要とする専修《せんじゅ》念仏の教えを説いた。法然の信仰が、下山後も天台宗の信仰と密接な関係にあったことを明らかにしたい。さらに、法然の門弟たちが法然の教えをどのように受容したのかも考えていく。

第二章では、親鸞の生涯について述べる。親鸞は、二九歳（以下年齢は数え年）の時、呪術による救済を追究する自力信仰の限界を実感して比叡山を下り、法然の門を叩《たた》いた。親鸞は、法然の教えを受け継ぎ、他力の重要性をより強調するかたちで約二〇年もの間、東国で布教活動に努めた。しかし、還暦を過ぎて帰京した親鸞は、東国の門弟から教えへの質問を多く受け、対応に追われて苦悩することになる。

第三章では、親鸞の信仰について見ていく。ここでは、親鸞の言説には誤解を招きかねない論理的な矛盾があることを明らかにしたい。また、親鸞にとっても、他力の信心を揺るぎなく持ち続けるのは難しかったことを述べる。

第四章から第六章では、親鸞の妻恵信尼《えしんに》や長男善鸞《ぜんらん》、末娘覚信尼《かくしんに》、孫如信《にょしん》、曽孫覚如《かくにょ》、玄孫存覚《ぞんかく》、さらには蓮如の教えと信仰について論じる。彼らもまた、天台宗の信仰と無縁ではなかった。そもそも、彼らが生きた中世という時代は、呪術により利益を得ることが一般的であり、宗教にはそれこそが求められたのだから、そのような信仰を完全に排除することは無理である。自力信仰と完全には決別しなかったからこそ、親鸞の教えは継承され、教団の拡大が実現したのである。

終章では、従来まで、親鸞やその家族、継承者の信仰が理想化されてきたことを批判し、彼らの信仰を天台宗などの既存の信仰の延長線上で捉《とら》える必要があることを述べる。彼らの教えは、他力を強調した点に特徴があった。しかし、だからといって従来の呪術としての阿弥陀信仰と完全に決別できたわけではなく、革新的といいきることはできない。親鸞が説いた他力の実践は容易ではなく、家族や継承者にもそのまま受け入れられはしなかったのである。

親鸞やその家族、継承者は、理想と現実とのギャップに苦悩しながら、他力と自力の狭間《はざま》で揺れ動いた。いつの時代でも、人間が宗教に現世利益を求めるのはごく自然なことである。

親鸞の教えは、理想と現実の狭間で揺れ動きながら、実情に即し変化していくかたちで受容されていくことになる。

親鸞は、難解な経典を読むことも超人的な修行をすることも不要であるとした。たとえ殺《せっ》生《しょう》を生業とする者や無学の者であっても、他力の信心を得て念仏を称えさえすれば極楽往生できるとした。それまで往生を絶望視していただろう彼らの目には、その教えはさぞかし魅力的に映ったことだろう。浄土真宗が発展してきた理由は、信仰する者の弱さを許容する柔軟さにあったのではないだろうか。

これまで親鸞は、浄土真宗の開祖として理想化されるかたちで語られがちであった。親鸞の家族や継承者も、同様である。信仰する場合には、そのような見方をすることには大きな意義がある。しかし、学問的な立場からアプローチする場合には彼らの等身大の姿を活写する必要がある。本書では、歴史史料に基づき歴史学の視点から、親鸞やその家族、継承者らの信仰に迫りたい。

なお、本書では、紙幅の都合上、個々の引用史料について、出典を明記することは省いた。また、読みやすさを重視し、史料には適宜ふりがなを付した。

浄土真宗とは何か　目次

佐渡
越後
居多浜
国府
(上越)
陸奥
浅香門徒
善光寺
(長野)
上野
下野
高田門徒
浅間山
(高崎)
奥郡
高田専修寺
常陸
稲田西念寺
笠間
佐貫
(水戸)
板敷山
筑波山
小島
武蔵
甲斐
太
鹿島門徒
鹿島
(東京)
下
総
横曽根
横曽根門徒
富士山
相模
平
箱根
上総
伊豆
安房
洋

親鸞の足跡図

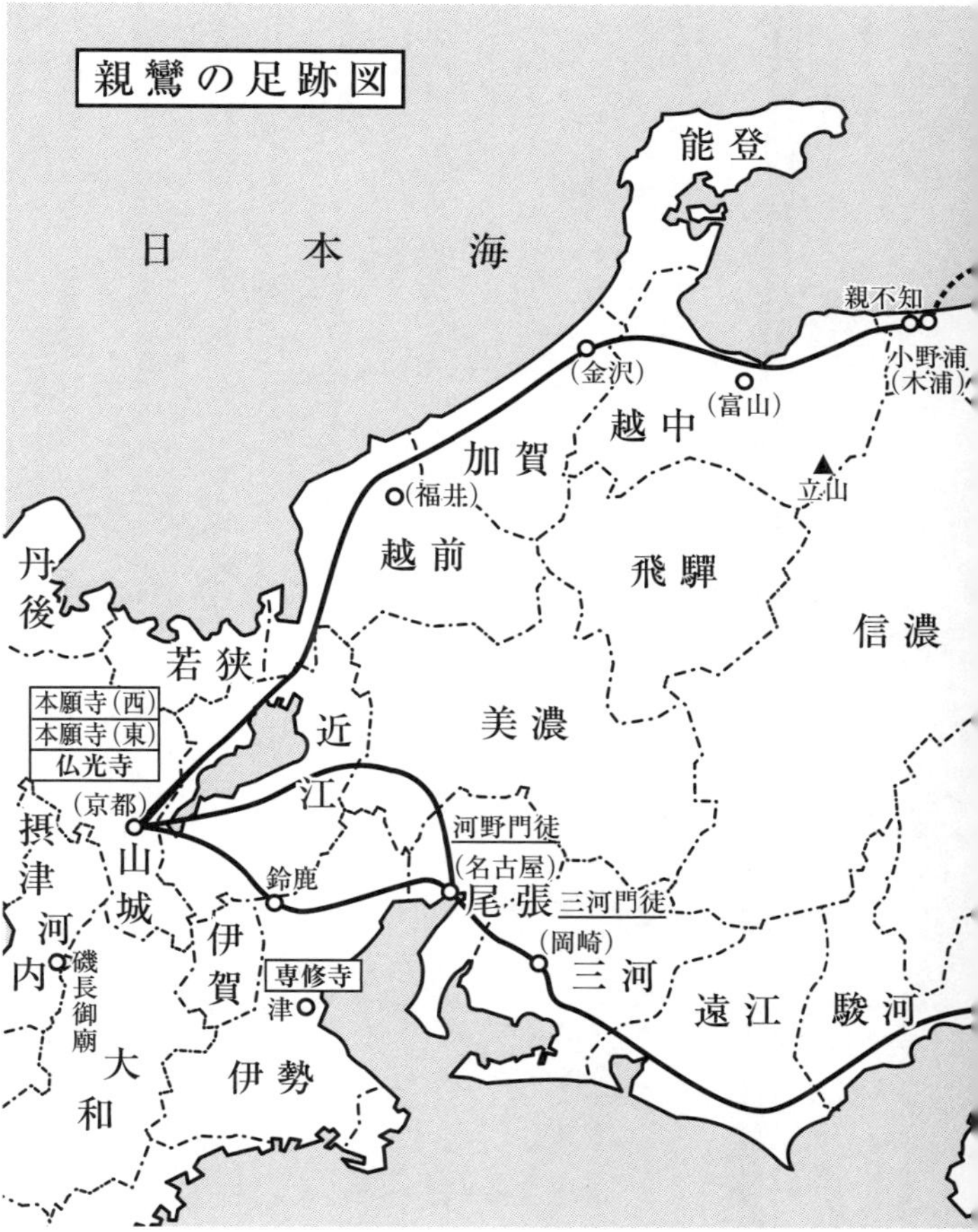

日本海
能登
親不知
小野浦
(木浦)
(金沢)
(富山)
越中
加賀
(福井)
立山
越前
飛騨
丹後
信濃
若狭
本願寺(西)
本願寺(東)
仏光寺
近江
美濃
(京都)
摂津
山城
河野門徒
(名古屋)
鈴鹿
尾張
三河門徒
(岡崎)
河内
磯長御廟
伊賀
専修寺
津
三河
遠江
駿河
大和
伊勢

浄土真宗とは何か

序　章　浄土真宗の前夜

一、平安貴族社会と密教

日本の密教の夜明け

延暦《えんりゃく》二三年（八〇四）、天台宗《てんだいしゅう》の開祖最澄《さいちょう》（七六七―八二二）と真言宗《しんごんしゅう》の開祖空海《くうかい》（七七四―八三五）は、ともに留学僧として入唐《にっとう》した。最澄は唐で法華経《ほけきょう》を中心とする天台教学《てんだいきょうがく》を学び、一方の空海は即身成仏《そくしんじょうぶつ》や現世利益《げんぜりやく》のための密教《みっきょう》を学んで帰国した。最澄は帰国後、国家や貴族に求められているものが天台教学ではなく、むしろ現世利益をもたらす密教の呪術であることに気がつき、愕然《がくぜん》とする。なぜならば、最澄は唐で密教に接したものの、それを中心に学んではこなかったからである。そこで急遽《きゅうきょ》、年下の空海に密教の教えを乞《こ》うことになった。

しかし、最澄と空海の友好的な関係は長くは続かなかった。最澄の愛弟子が空海のもとへと去り、さらには空海が最澄から請われた『理趣釈経《りしゅしゃくきょう》』（密教経典『理趣経《りしゅきょう》』の注釈書）の借覧を密教観の違いによって拒絶したために、両者は完全に決裂したのである。天台では、最澄の代に密教が完成することはなかったが、その後、円仁《えんにん》（七九四―八六四）、円珍《えんちん》（八一四―八九一）、安然《あんねん》（八四一―？）といった優れた継承者が現れ、発展を遂げていく。天台密教は、真言密教が大日如来《だいにちにょらい》を本尊として教義を展開するのに対して、法華経の本尊である釈《しゃ》迦如来《かにょらい》を中心とする教義を構築した。最澄の教えを継承した者たちによって、真言密教（東《とう》密《みつ》）に対抗し得る天台密教（台密《たいみつ》）が完成したのである。

最澄と空海という二人の開祖の死後、より発展したのは天台宗のほうである。たしかに空海は、天才的な能力を持ち真言密教を確立した。しかし、真言宗は空海個人に負うところが大きく、空海の思想には補うべき部分が少なかった。そのため展開しにくかったからか、天台宗ほどにはその後に優秀な人材を輩出できなかった。一方、最澄の思想には未完成の部分があり、発展の余地が残されていたのである。空海にとっては実に皮肉なことである。

また、天台のほうが栄えた要因の一つには、総本山の場所もあるのだろう。天台宗は、都からほど近く平安京の鬼門《きもん》に位置する比叡山に延暦寺を構えた。それに対して真言宗の総本山は、京の都から遠く離れた紀伊《きい》山地の高野山金剛峰寺《こうやさんこんごうぶじ》である。真言宗は、京に東寺《とうじ》を置き国家的祈禱《きとう》に携わったものの、総本山が都にないので不利だったことに変わりはない。

比叡山延暦寺は、天台の教理である円教《えんぎょう》、戒律、禅、密教のほか、南無阿弥陀仏《なむあみだぶつ》と称《とな》えて極楽浄土を願う、中国五台山《ごだいさん》の音楽性豊かな称名念仏《しょうみょうねんぶつ》が円仁によってもたらされ、仏教を総合的に学ぶ場になった。いわば、現在でいうところの総合大学であり、のちに法然や親鸞、栄西《えいさい》、道元《どうげん》、日蓮《にちれん》といった鎌倉仏教の祖師たちを生み出す基盤となったのである。

密教の呪術による病気治療

平安時代中期になると、密教の修法《しゅほう》は、鎮護国家のためのみではなく、貴族によって延命安穏、病気治療といった私的な現世利益のためにも行われるようになった。

一〇世紀末以降の貴族の日記には、僧侶が病人のために修法や加持《かじ》を行い、モノノケを調伏《ちょうぶく》する様子が数多く記録されている。修法は、壇を築いて本尊を安置し、本尊に向かって陀羅尼《だらに》という呪文を称える祈禱である。福の招来もしくは怨敵《おんてき》調伏などのために行われた。一方、加持は、壇はもうけず、印《いん》を結び真言などを称える祈禱である。平安貴族社会では、修法と加持の語をこのように分けて用いる傾向にあった。

今日、モノノケというと、神や妖怪《ようかい》の類を想像されがちである。しかし平安時代のモノノケは、漢字で表記すると「物気」であり、「物《もの》」は正体が定かではないもの、「気《け》」は気配のこととなる。モノノケは、多くは正体が分からない死霊の気配のことであり、生前に恨みを抱いた人間に近寄り病や死をもたらすと考えられていた。現在、しばしば「物気」は「物の怪」と表記される。しかし、平安時代では両者は別の意味を持つ。「物の怪（物恠）」とは、怪異を意味する語である。

ちなみに、モノノケは気配であるから姿かたちを持たないはずなのだが、不可視のものを可視化したいという欲求の高まりによるのか、平安末期の『目無経《めなしきょう》』には病に悩む貴族女性の後方に三本指の手のみが不気味に描出されている。しばしば鬼が三本指で表現されることと関係するのかもしれない。

モノノケ調伏のための修法として代表的なのは、不動明王《ふどうみょうおう》を本尊とする不動法である。病状が深刻な場合には、不動明王を中尊とし、降三世《ごうさんぜ》明王、大威徳《だいいとく》明王、軍荼利《ぐんだり》明王、金剛《こんごう》夜叉《やしゃ》明王の五大明王をそれぞれ安置する五壇法《ごだんほう》がしばしば行われた。一壇の修法では心もとなく、壇の数が多いほど効果があると考えられ、しばしば五壇法が選択されるようになったのである。そのほか、七仏薬師法《しちぶつやくしほう》も病気治療のためによく行われた密教修法である。天台では、薬師如来《やくしにょらい》のみ七体を安置し連壇の形式をとったと考えられる。多くの効験《こうけん》を要望する貴族に応《こた》えるため、このような形式が必要とされたのだろう。

モノノケ調伏には、密教の阿尾奢法《あびしゃほう》をもとに憑祈禱《よりきとう》も多く行われた。阿尾奢とは、「入り込む」という意味を持つサンスクリット語「アーヴェーシャ」（āveśa）の音訳であり、阿尾奢法は複数の経典に説かれている。

具体的に述べると、病人がモノノケによる病を患ったと判断されると、僧侶が加持をしてモノノケを女房らに憑依《ひょうい》させ調伏したのである。女房らは、しばしばヨリマシ（憑坐）としての役割を期待され、調伏されたモノノケの言葉を語っていた。憑祈禱の場合、モノノケは病人以外の人間に憑依させられ、語らせられた時点で調伏されたことになる。治病のための加持に携わる僧侶は、験者《げんざ》と呼ばれた。貴族社会で験者に任じられたのは、ほとんどが天台宗園城寺《おんじょうじ》の僧侶であった。いわば、験者は、園城寺僧の専売特許だったのである。

貴族社会では僧侶ばかりではなく陰陽師《おんみょうじ》や医師によっても病気治療がなされており、病気の原因によってその治療に当たる者が決められていた。病人が出ると、まず病気の原因を見定める必要がある。その方法は、陰陽師の占いによることが多かった。陰陽師安倍晴明《あべのせいめい》が編纂《へんさん》したとされる『占事略決《せんじりやくけつ》』には、神や呪詛《じゅそ》、霊鬼、毒薬、風などが病気の原因として列挙されている。陰陽師は手持ちの病気リストから、占いによって病気の原因を特定していた。その結果、病気の原因がモノノケと判断された場合には、僧侶による修法や加持が効果的だとされた。原因が疫神や呪詛の場合には、陰陽師が中心的な治療者になり、祭や祓《はらえ》が行われた。さらに、食中毒が原因の場合には、医師が投薬や灸《きゅう》などによる治療を施す。投薬は、しばしば薬に加持を加えた上で行われていた。したがって、投薬も呪術と無縁ではなかったといえる。要するに、呪術による病気治療は、一般的な方法だったのである。

平安貴族は、病気治療ばかりではなく、自身の出世や天災の回避などを願うときにも、密教の呪術に依存していた。呪術に依存していたのは、貴族のみではない。庶民も、治病や豊作祈願のために、念仏を称えるなどの行為をしていたのである。平安時代の社会は、現代に生きる私たちから見ると、まさに呪術の浸透した神秘世界だったといえよう。

二、平安浄土教の隆盛

平安浄土教のはじまり

極楽往生を遂げて浄土で成仏することを説く教えである浄土教は、北方仏教（大乗仏教）の組織者龍樹《りゅうじゅ》（ナーガールジュナ）によってインドで最も早く説かれた。その後、二世紀半ばから五世紀半ばにかけて中国で浄土三部経（『無量寿経《むりょうじゅきょう》』『阿弥陀経《あみだきょう》』『観無量寿経《かんむりょうじゅきょう》』）が漢訳され、末法《まっぽう》の時代には他力の信心をもって極楽往生するしか成仏するすべはないとした北魏《ほくぎ》の曇鸞《どんらん》（四七六—五四二？）が浄土五祖の第一祖とされた。他力の信心による往生を説く曇鸞の著書『浄土論註《じょうどろんちゅう》』（『往生論註《おうじょうろんちゅう》』とも）は、第二祖道綽《どうしゃく》（五六二—六四五）、第三祖善導《ぜんどう》（六一三—六八一）、さらには法然や親鸞にも大きな影響を与えることになる。

わが国の平安浄土教の礎を築いたのは、円仁である。円仁は、遣唐使の一員として留学し、五台山で五つの異なる旋律を用いる五会《ごえ》念仏を学んだ。帰国後、その音楽的な念仏を、九〇日間称えながら阿弥陀仏像の周りを回り続ける常行三昧《じょうぎょうざんまい》という修行に取り入れて比叡山に常行三昧堂を建て、初めて修した。円仁のもたらした念仏は、「山の念仏」と呼ばれて親しまれることになる。

九世紀末には、常行三昧の念仏が展開して、天台宗に浄土教が起こるに至った。称名念仏は密教と密接に結びつき、死霊の鎮送のために行われるなど、陀羅尼的な性格を付与されて広まっていった。

「市聖《いちのひじり》」や「阿弥陀聖《あみだひじり》」と呼ばれた空也《くうや》（九〇三―九七二）は、念仏を称えながら各地を歩き回り、橋を架け井戸を掘って灌漑《かんがい》の便をはかったりするなどの社会事業に専念し、庶民の教化にも尽力した。空也は、念仏を自ら称えるだけではなく、民衆にも促した（慶滋保胤《よししげのやすたね》『日本往生極楽記《にほんおうじょうごくらくき》』）。空也は念仏による極楽往生を説いたと考えられるが、実際には空也の念仏には死霊の鎮送などの呪術的な機能が期待され受容されていった。四六歳で比叡山に登り受戒したのちは、貴族を対象とした教化活動にも携わった。

源信の登場

初めて浄土教を教学として理論づけたのは、『極楽浄土九品往生義《ごくらくじょうどくほんおうじょうぎ》』を著した良源《りょうげん》（九一二―九八五）である。そして、法然や親鸞に大きな影響を与えた人物としては、良源の弟子源信《げんしん》（九四二―一〇一七）を挙げることができる。源信は、比叡山の世俗化を忌み嫌い、横川《よかわ》に隠棲《いんせい》していた。比叡山の山内は東塔《とうどう》、西塔《さいとう》、横川の三つの区域からなっており、横川は西塔から四キロほど北に位置する奥地である。源信は寛和《かんな》元年（九八五）、末法の世への危機意識を持ち、多くの経文を引用して極楽往生のための念仏の指南書『往生要集』を著した。『往生要集』は、天台教学によって、念仏による極楽往生を理論的に体系化した書である。浄土教は、源信の登場によって教義的に発展し、貴族社会、さらには一般社会にも浸潤していくことになる。

日本では、末法は釈迦の入滅から二千年後に到来するという天台宗の説が主流であった。末法思想とは、釈迦の滅後千年間は仏の教えと修行と悟りのすべてがある正法《しょうほう》の時代とし、次の千年間は教えと修行のみがあり悟りはない像法《ぞうほう》の時代、その後一万年間は教えのみがあり正しい修行も悟りもない末法の時代であるとする、歴史を悲観的に見る思想である。末法の世の後は教えも修行も悟りもない法滅《ほうめつ》の時代となる。天台宗の説では、入末法は永承《えいしょう》七年（一〇五二）とされていた。

源信は、『往生要集』の中で、阿弥陀仏がいかに末法の世にふさわしいかを強調している。『往生要集』では、末法の時代に生きる人間は、現世で悟りに至ることは不可能なので、阿弥陀仏にすがって念仏をして極楽往生を遂げ、極楽浄土で阿弥陀仏の説法を聞き仏になるしかない、とされている。仏や菩薩はそれぞれ浄土に住むと考えられており、阿弥陀仏は遥か西方《さいほう》にある極楽浄土にいると経典類に書かれている。源信は、現世ではなく後世で成仏できるとする阿弥陀信仰は末法にふさわしいとし、他の信仰に対する阿弥陀信仰の優位を主張した。

理想的な臨終

『往生要集』には、極楽往生するにはどうすればよいかが記されている。念仏には二種類あり、一つは観想《かんそう》念仏、もう一つは称名念仏である。観想念仏は仏の姿や浄土のさまを心に思い描く念仏であり、称名念仏は「南無阿弥陀仏」と口称する念仏である。源信は平生《へいぜい》に行う念仏に関しては、観想念仏を重んじた。しかし、臨終時には観想念仏はあまりにも難解であるから、正念《しょうねん》で、つまり心を乱さずに一心に念仏を称えれば、阿弥陀仏の来迎《らいごう》があり極楽往生できるとした。ちなみに来迎とは、阿弥陀仏が観音菩薩《かんのんぼさつ》や勢至菩薩《せいしぼさつ》らを引き連れ、臨終者を極楽浄土に迎えるためにやって来ることである。

源信は、臨終時に称える一回の念仏は、一〇〇年の間積んだ善業《ぜんごう》よりも勝《すぐ》れているとし、とにもかくにも臨終時の念仏が重要であるとしている。そして、唐の道宣《どうせん》の著『四分律行事鈔《しぶんりつぎょうじしょう》』を引用し、臨終時には執着心を捨てなくてはならないので、病人を阿弥陀仏像が安置されている「無常院」に入れる必要がある、とする。その阿弥陀仏像は極楽浄土がある西方を向かせられ、左手には五色《ごしき》の布を持たせられている。病人を仏像の後ろに座らせ、その左手に像から垂れる布を持たせ、阿弥陀仏について極楽浄土へ行く想いをさせよ、としている。もしくは、阿弥陀仏像を東向きに、病人を西向きにして対峙《たいじ》させてもよい、ということである。

臨終時にいくら念仏を称えても心静かに、思い乱れない必要がある。つまりは、正念《しょうねん》でなければ元も子もない。源信は、『観無量寿経』に、悪人であっても臨終時に十念《じゅうねん》すれば八〇億劫《ごう》（劫とは、きわめて長い時間のこと）もの罪が消えて往生できる、とあるのを根拠に、臨終時に一心に十遍、南無阿弥陀仏と称念すれば必ず往生できるという（『往生要集』「臨終行儀」）。さらに、道綽著『安楽集《あんらくしゅう》』を引いて、臨終時の苦しみの中で十念するのは難しいので、あらかじめ志を同じくする人々と助け合う約束をせよ、と促している。

『往生要集』によると、看病人は、「仏の身体的な特徴以外のものは見てはいけません。仏の声以外の声は聞いてはいけません。仏の教え以外のことは説いてはいけません。往生以外のことを思ってはいけません」と臨終者に向かって諭し、集中して心から念仏をすることができるよう、励まさなくてはならない。

極楽往生のための準備

源信は、『往生要集』を著した翌年、横川の僧侶二五人で二十《にじゅう》五三昧会《ござんまいえ》を結成した。二十五三昧会では、毎月一五日の夜に不断念仏を行うこと、メンバーの誰かが病気になった時には互いに順番に看病すること、臨終する者の念仏を助け極楽浄土に導くことなどがルールとされた（『横川首楞厳院二十五三昧起請《よかわしゅりょうごんいんにじゅうござんまいきしょう》』）。次第に、二十五三昧会のメンバーは増えていくことになる。

『楞厳院二十五三昧結衆過去帳《りょうごんいんにじゅうござんまいけっしゅうかこちょう》』は、メンバーの過去帳である。ここでは、五一名の名が没年順に並べられ、そのうち一七名の行業が記録されている。そこからは、極楽往生を切望した者たちがいかに臨終を迎えたかを詳しく知ることができる。彼らは、自分や仲間が確実に往生できるよう、念入りに準備して助けあった。

『楞厳院二十五三昧結衆過去帳』には、源信の往生についても記録されている。それによると、臨終が近いことを悟った源信は、部屋の「塵穢《じんえ》」を掃除し、体や衣を洗っている。さらに、鼻毛が生えていると阿弥陀仏の来迎がないと考えたのだろうか、なんと鼻毛まで抜いているのである。その上で口中も浄《きよ》め、阿弥陀仏像の手に結わえ付けた糸を手にとり、苦しむことなく眠るようにして入滅したのであった。長年病の床《とこ》についていたものの、最後の時には苦痛がなかったので、臨終の正念は疑いがない、とされている。

臨終時に苦しみがあったかどうかは、残された者たちが極楽往生の可否を判断するにあたって重要な基準の一つであった。極楽往生を遂げたとされた康審大徳《こうしんだいとく》も、臨終時の苦痛が少なく心が散乱しなかった、とあえて記録されている。さらに、源信の同志慶滋保胤が書いた往生伝『日本往生極楽記』三三の高階《たかしなの》真《ま》人良臣《ひとよしおみ》は、入滅三日前にいきなり病が平癒したとされている。

『楞厳院二十五三昧結衆過去帳』に記録された人々は、臨終時に念入りに、衣や身体を清浄にしている。住居の掃除は、源信のみではなく聖念《しょうねん》阿闍梨《あじゃり》も行っているので、往生のためにしばしば行われていたのだろう。

『日本往生極楽記』をはじめとする往生伝でも、極楽往生を切望した人々が臨終時の清浄にこだわった様子が記されている。その理由は、清浄であることが極楽往生の条件の一つと考えられていたからに他ならない。

この点を考える上で、『日本往生極楽記』三一の「尼某甲《それかし》」の伝が面白い。「尼某甲」は、衰弱するとひたすら阿弥陀仏を念じ、弟である寛忠僧都《かんちゅうそうず》に向かって明後日に極楽に往生することを予告した。ところが、往生するはずの日に尼は、「西方から宝の輿《こし》が飛んできて目の前にありましたが、飛来した仏菩薩はこちらに『濁穢《じょくえ》』があるのを嫌って帰ってしまいました」と涙を流しながら語ったのであった。そこで尼は、僧都に「濁穢」をなくすための諷誦《ふじゅ》をしてもらった。すると翌日、「聖衆《しょうじゅ》が再びこちらに来ました。私が往生するときがきたのです」と告げ、念仏を称えて息絶えたのであった。

ここでいう「濁穢」がどのような穢《けが》れを指すのかは不明である。とにかく阿弥陀仏とその周囲に侍《はべ》る菩薩たちは、なんらかの穢れがあるのを嫌がって極楽浄土に帰ってしまったのである。結局尼は穢れがなくなったおかげで極楽往生できたのだが、二度目に来迎したのは「聖衆」であり阿弥陀仏ではなかった。「聖衆」というのは、仏の周囲に侍る菩薩や眷属《けんぞく》を指す語である。

経典には、阿弥陀仏は一心に念仏を称える人々を必ず救うと書かれていたはずである。「濁穢」があるぐらいで救済もせずに帰ってしまうなどというのは、あまりにも薄情ではないか。それどころか、穢れが解消したのちも、阿弥陀仏は来なかった。ところが、これが当時の阿弥陀信仰だったのである。

阿弥陀仏は、臨終者やその周囲に穢れや汚れがあると、極楽浄土に連れて行ってくれないのである。経典にはないこのような思想が生み出された背景には、まさしく往生への強い不安があったのだろう。極楽への往生が希求されればされるほど、それへの不安は高まっていった。「本当に阿弥陀仏は臨終時に一心に念仏を称えさえしていれば浄土に導いてくれるのだろうか。清浄にしていなくては来迎してくれないのではないか……」。往生を願う人々は、このような不安を強く抱いたのである。臨終時に一心に十念さえすれば極楽往生は確実だと説いた源信でさえも、それだけでは不十分かもしれない、と不安を感じていた。だからこそ、鼻毛まで抜かなくてはいけなかったのである。これらのことは、不可視のものへの信頼がいかに難しかったかを物語っていよう。

『往生要集』と貴族社会

『往生要集』は、極楽往生を願う天台僧には、いわば臨終のマニュアルとされた。『楞厳院二十五三昧結衆過去帳』にも、聖念阿闍梨は『往生要集』を参考にして死に臨んだ、とある。『往生要集』は貴族社会にも大きな影響を及ぼすことになる。たとえば藤原道長《ふじわらのみちなが》（九六六—一〇二七）は、源信に帰依《きえ》し、能書家の藤原行成《ゆきなり》に『往生要集』を書写させている。その上、道長は、臨終の約二〇日前、重篤な状態で沐浴《もくよく》し念仏を始めた。これを耳にした者たちは、臨終の念仏だと早合点し、道長が入滅したと慌てふためいたという（『小右記《しょうゆうき》』万寿《まんじゅ》四年〔一〇二七〕一一月一三日条）。道長は、『往生要集』を読み臨終行儀を熟知した上でこのような行動をとったのであろう。

『栄華物語《えいがものがたり》』巻第三〇「つるのはやし」では、道長の臨終の様子について、『往生要集』の臨終行儀にのっとった表現が用いられている。『栄華物語』は宮中の女性（赤染衛門《あかぞめえもん》か）の手によって完成している。とすると、『往生要集』は、宮中の女性たちにも浸透していたことになる。貴族社会における『往生要集』の影響がいかに大きかったかを物語っていよう。

『往生要集』には、極楽往生のための臨終行儀や念仏の方法のほか、六道《ろくどう》（天道《てんどう》・人道《にんどう》・阿《あ》修羅道《しゅらどう》・畜生道《ちくしょうどう》・餓鬼道《がきどう》・地獄道《じごくどう》）や極楽浄土の様が詳述されている。その影響のもと、藤原道長の長男頼通《よりみち》は、観想念仏を行うために極楽浄土の姿を彷彿《ほうふつ》とさせる平等院鳳凰堂《びょうどういんほうおうどう》を建てた。また阿弥陀仏の来迎の有様を演じる迎講《むかえこう》も、観衆に欣求浄土《ごんぐじょうど》の念を抱かせるだけではなく、来迎の様を目に焼き付けさせること、つまり観想念仏の一助とさせることを目的としている。迎講には、しばしば貴賤《きせん》問わず多くの人々が押しかけ、来迎の様を目の当たりにして感涙を流した。現在では、特に奈良県葛城《かつらぎ》市の當麻寺《たいまでら》の迎講が有名である。極楽浄土に見立てられる本堂と娑婆《しゃば》世界の娑婆堂の間には橋が架けられており、菩薩たちはその橋を練り歩き、臨終者である中将姫《ちゅうじょうひめ》のために来迎するのである。西方の二上山《にじょうざん》に夕日が沈むころ、中将姫像を観音菩薩が蓮台《れんだい》に乗せ、勢至菩薩をはじめとする菩薩たちを引き連れて本堂（極楽浄土）へと帰っていく様は、なんともいえず神々しい。現在でも、ひしめくほどの人々が橋の下から来迎の様を眺めるのである。

『往生要集』によって、芸術作品も多く生み出された。たとえば、六道や極楽浄土に関する記述をもとにした六道絵や地獄絵、来迎図を挙げることができる。凄惨《せいさん》な六道絵や地獄絵は、それを観《み》る者に厭離穢土《おんりえど》の念を抱かせ、美しい来迎図は欣求浄土の念を抱かせることを期待されたのであった。

さらに、大江匡房《おおえのまさふさ》の『続本朝往生伝《ぞくほんちょうおうじょうでん》』、三善為康《みよしためやす》の『拾遺往生伝《しゅうい》』『後拾遺往生伝《ごしゅうい》』、蓮禅《れんぜん》の『三外往生記《さんげ》』、如寂《にょじゃく》の『高野山往生伝《こうやさん》』をはじめとする往生伝が続々と撰述《せんじゅつ》され、極楽往生したと考えられる者がどのように生き、いかに臨終を迎えたか、さらには臨終時の奇瑞《きずい》の様について記録された。往生伝は、のちの人間が極楽往生を目指すにあたり参考にできる事例集としての意味を持っていた。これらの往生伝では、天皇や貴族、高僧ばかりではなく名前も定かではない優婆塞《うばそく》や貧しい老女、焼身自殺をした上人《しょうにん》など、貴賤を問わない老若男女の伝がひしめいている。往生者の居住地も、京の都のみならず、北から南まで全国各地にわたっており、浄土教の広汎《こうはん》な広がりを読みとることができる。

臨終行儀の継承

源信が『往生要集』に示した臨終行儀は、その後、天台宗以外の宗派にも形を変えながら継承されていった。たとえば真言宗では、湛秀《たんしゅう》（一〇六七―一一二二）が『臨終行儀注記《りんじゅうぎょうぎちゅうき》』を著し、臨終時に仏像以外のものを見たり念仏や読経以外の声を聞いたりしてはいけないという『往生要集』の記述は非常に重要だ、としている。真言宗では、阿弥陀仏ではなく不動明王を本尊とし、『往生要集』を参考にした上で、臨終正念を祈る作法が形成されていった。

源信の『往生要集』にある観想念仏、称名念仏双方の具体的な方法や六道および極楽浄土、臨終行儀の作法に関する記述は、幅広い階層の人々の日常生活や臨終への意識を変えていった。『往生要集』は、末法への危機意識の高まりを背景に、浄土教を隆盛に赴かせた。さらに、法然や親鸞らの信仰にも多大な影響を及ぼすことになるのである。

世界の臨終行儀

ちなみに、仏教への信仰が篤い国々には、現在でも、往生のためには臨終のその瞬間が最も大事だと考え、臨終行儀をしようとする老若男女が多くいる。たとえば、タイでは、臨終時に心が乱れると地獄に堕《お》ちると考え、ひたすらに釈迦に思いをはせて瞑想《めいそう》することが必要だとする思想がある。タイの大学生にこれを尋ねたところ、臨終時には瞑想が必要であり、日頃からしばしば瞑想をしていると語っていた。タイの場合は、本尊は阿弥陀仏ではなく釈迦如来であり、念仏ではなく瞑想なので、日本の古代中世に盛んだった臨終行儀とは若干異なる。しかし、両者は大枠では非常に似通っているといえるだろう。『往生要集』にある臨終行儀は、仏教の信仰の中で、決して特殊なものではないのである。

第一章　法然とその門弟

一、専修念仏の教え

生い立ち

のちに浄土宗開祖とされる法然房源空《ほうねんぼうげんくう》（一一三三―一二一二）は、美作国《みまさかのくに》久米郡《くめのこおり》稲岡《いなおかの》荘《しょう》で治安維持の任にあたる押領使《おうりょうし》漆間時国《うるまのときくに》の子（幼名は勢至丸《せいしまる》）としてこの世に生を享《う》けた。ところが九歳の時、時国は荘園《しょうえん》の管理者である預所職《あずかりどころしき》の明石源内武者定明《あかしげんないむしゃさだあきら》に夜討ちをかけられてしまう。致命傷を負った父は、「敵を恨んではいけないよ。私がこのような目に遭ったのは前世の報いによるのだから。もしお前が敵を恨む心を持ったならば、その恨みは何世代にわたってもなくならないだろう。早く俗世を離れ、出家して私の菩提《ぼだい》を弔い、お前自身も悟りを求めるがよい」といい残して亡くなったのであった（『法然上人行状絵図《ほうねんしょうにんぎょうじょうえず》』）。

父時国の死後、叔父の勧めにより比叡山西塔北谷《きただに》の源光《げんこう》のもとに入室し、一八歳で西塔黒《くろ》谷《だに》に移り戒律《かいりつ》と念仏で知られる叡空《えいくう》に師事することになった。黒谷は、西塔の釈迦堂《しゃかどう》から北へ一・五キロメートルほど離れた山中にあり、現世《げんせ》に望みを捨て隠棲する念仏僧が寄り集まる場である。また、横川《よかわ》で始められた二十五三昧会《にじゅうござんまいえ》を修すことでも知られており、源信の信仰を継承する地であった。叡空は、源光と叡空の一字をそれぞれとり、法然房源空と名付けた。法然という房号《ぼうごう》は、「あるがままの姿」という意味の「法然道理」からきている。入滅からおよそ一〇〇年後となる延慶《えんきょう》四年（一三一一）頃にその弟子によって制作された伝記絵巻『法然上人伝記《ほうねんしょうにんでんき》』（以下、『九巻伝《くかんでん》』とする）によると、法然は黒谷で五千巻以上の経典を含む「一切経《いっさいきょう》」を五回も繰り返して読み、学んだという。

『九巻伝』と相前後して『法然上人行状絵図』（以下、『四十八巻伝《しじゅうはちかんでん》』とする）も制作されている。『四十八巻伝』は、後伏見上皇《ごふしみじょうこう》（一二八八―一三三六）の勅命《ちょくめい》により叡山功徳院《くどくいん》の舜《しゅん》昌法印《じょうほういん》が諸々の旧記を集めて制作した四十八巻もの絵巻物である。舜昌は天台の学僧であり、のちに浄土門（生前に悟りを開こうとするのではなく、阿弥陀仏の教えを信じ極楽浄土に往生して悟りを開くという教え）に帰依し、浄土宗総本山知恩院《ちおんいん》の第八世如一《にょいち》に師事した。『九巻伝』と『四十八巻伝』については、『九巻伝』を『四十八巻伝』の草稿本と見なす説をはじめとして諸説があるものの、ともに一四世紀前半に制作されたことは間違いなさそうである。

『九巻伝』には、叡空と法然では念仏についての見解が異なっていたことを示すエピソードが語られている。それによると、叡空が極楽往生のための行として観想念仏に勝る行はないとする天台宗の旧来の説を主張したところ、法然は善導《ぜんどう》の『観無量寿経疏《かんむりょうじゅきょうしょ》』を根拠に称名念仏こそが優れていると反論した、という。叡空は観想念仏を重んじていたが、念仏以外の

吉水草庵跡と伝えられる安養寺（京都府京都市東山区）

行も認めていた。それに対して法然は、称名念仏こそが優れていると主張する。叡空は、そのような法然に立腹し、こぶしを握りしめて法然の背中を打ち、それでもなお一歩も引こうとしないことに憤って足駄《あしだ》で叩いた、とされている。

専修念仏への目覚め

叡空のもとで二五年間学んだ法然は、四三歳の時に叡山を下り、京の東山吉水《ひがしやまよしみず》で専修《せんじゅ》念仏の教えを説くこととなった。専修念仏とは、ただ念仏のみに専念することである。法然は、観想念仏を劣行《れつぎょう》と見なし、称名念仏のみを極楽往生のための行としたのである。

法然が専修念仏による極楽往生を確信したきっかけは、善導の『観無量寿経疏』であった。法然は、その著『選択本願《せんちゃくほんがん》念仏集』で、『観無量寿経疏』の本意を知ったことから「たちどころに余行を舍《とど》めて、ここに念仏に帰《き》」した、と述懐している。

つまり法然は、苦の世界である六道から脱するには、浄土に往生する方法しかなく、往生するための修行は様々あるけれども、称名念仏に勝るものはないと考えたのである。六道と

は、天道、人道、阿修羅道、畜生道、餓鬼道、地獄道の六つの道であり、生前の行いにより
どこに行くかが決まる。法然が極楽浄土を志すしかないと考えた理由は、末法を強く意識していたからに他ならない。『選択本願念仏集』の冒頭部分では、『大集月蔵経《だいしゅうがつぞうきょう》』を引用して「当今は末法、現にこれ五濁悪世《ごじょくあくせ》なり。ただ浄土の一門のみありて通入《つうにゅう》すべき路《みち》なり」とされている。前述したように、末法の世に生きる人間は悟りに至ることができない。したがって、念仏を称《とな》える者のもとに来迎し極楽浄土へと導き、そこで悟りに至らせてくれる阿弥陀仏こそが末法にふさわしい仏だ、とされたのである。

往生疑うべからず

法然は、単に念仏を称えるべきことを主張したのではなく、信心《しんじん》の必要性も説いている。上野《こうずけ》国に住む鎌倉幕府の御家人《ごけにん》、大胡実秀《おおごのさねひで》（?—一二四六）の妻に宛《あ》てた書簡「大胡の太郎実秀が妻室のもとへつかはす御返事」では、阿弥陀仏の本願《ほんがん》を信じる必要があると述べている。

> ワレラ（我等）弥陀ノ名号ヲトナエム（称）ニ、往生ウタガフ（疑）ベカラズ。コノ願ニアヒタテマツルコトハ、オボロケ（朧気）ノ縁ニアラズ。タトヒアエリトイヘドモ信ゼザレバ、マタアハザルガゴト

シ。イマフカク《（深）》コノ願ヲ信ゼシメタマハバ往生ノウタガヒ《（疑）》オボシメスベカラズ。カナラ《（必）》ズカナラズ二心《ふたごころ》ナク、ヨクヨク御念仏候テ、コノタビ生死ヲハナレ《（離）》極楽ニムマレ《（生）》ムトオボシメスベシ。

法然は、称名念仏をしているのに往生を疑ってはいけないとし、阿弥陀仏の本願に出会えたのは、大変強い縁によるものであり、深く本願を信じたのであれば自身の極楽往生を疑ってはいけない、としている。また、ひたすら念仏を称え、今回は六道の世界から抜け出て極楽に生まれようと思いなさい、と諭している。

『無量寿経』には阿弥陀仏の四十八《しじゅうはち》の誓願《せいがん》が説かれている。四十八願の中でも、十八番目の念仏往生願《ねんぶつおうじょうがん》が本願とされ、重んじられた。十八願は、阿弥陀仏が悟りに至る前の法蔵菩薩《ほうぞうぼさつ》であった時に、あらゆる衆生《しゅじょう》が信心をもって念仏すれば必ず極楽往生させようとした誓いである。

法然は、念仏には自力の念仏と他力の念仏があり、他力の念仏こそが重要である、と考えた。自力とは文字通り自分の力によるもの、他力とは阿弥陀仏の力によるものである。ただし法然は、信心や他力の念仏を重んじたものの、のちの親鸞ほどにはそれを強調してはおらず、とにかくにも念仏を称えるように門弟らに促していた。

臨終行儀の否定

法然の教えの特徴の一つは、臨終時の念仏を特には重んじないことである。年齢により臨終行儀に対する考え方に変化があるものの、六〇歳以降の著作では、臨終行儀の否定が顕著である。前述したように、源信は『往生要集』で臨終時の念仏は一〇〇〇年の業《ごう》にも勝る、としていた。法然は、源信の『往生要集』の注釈書を著すなど、その影響を大いに受けてはいたものの、臨終時の念仏に関しては異なる考えを持っていたのである。建久《けんきゅう》六年（一一九五）以降に書かれた「大胡の太郎実秀へつかはす御返事」では、次のように述べている。

マメヤカニ往生ノココロザシ《（志）》アリテ、弥陀ノ本願ウタガ《（疑）》ハズシテ、念仏申サム人ハ、臨終ワルキコトハ、オホカタ候マジキナリ。（中略）称讃浄土経《しょうさんじょうどきょう》ニハ、慈悲ヲモテクワ《（加）》エタスケ《（助）》テ、ココロ《（心）》ヲシテミダラ《（乱）》シメタマ《（給）》ハズトトカ《（説）》レテ候也。タダノ時ニ、ヨクヨク申《もうし》オキタル念仏ニヨリテ、臨終ニカナラズ仏来迎シタマフ。仏ノキタ《（来）》リ現ジタマヘルヲミ《（見）》タテマツ《（奉）》リテ、正念《しょうねん》ニハ住スト申シツタ《（伝）》エテ候ナリ。シカルニ、サキノ念仏オ《（を）》バムナシクオモヒ《（思）》ナシテ、ヨシナキ臨終正念オ《（を）》ノミイノ《（祈）》ル人ナドノ候ハ、ユユシキヒガ《（僻）》ヰム《（因）》ニイ《（入）》リタルコトニテ候ナリ。（中略）モトヨリノ行者、臨終ノサタ《（沙汰）》ハ、アナガチニスベキヤウモ候ハヌナリ。仏ノ来迎一定《いちじょう》ナラバ、臨終正念ハマタ一定トオボシメスベキナリ。コノ御ココロ《（心）》ヲエ《（得）》テ、ヨクヨク御ココロ《（心）》ヲトドメテ、ココロエ《（心得）》サセタマフベキコトニテ候ナリ。

法然は、『称讃浄土経』に、「仏は、慈悲をもって助け、臨終者の心を乱れさせなさらない」と説かれているのを根拠に、心から往生を願い本願を信じ念仏する人の臨終は悪いことはないだろう、と説いた。つまり、日常から称えていた念仏により、臨終時に必ず来迎があり、それを目にした臨終者は正念になることができるのである。それゆえ、日常の念仏を軽んじ臨終正念のみを祈るのは間違いであることになる。日頃から念仏を行う行者は、無理に臨終行儀をする必要はない。来迎があることが決まっているのであれば、臨終正念もまた決定していると思うべきである、とした。

後白河法皇《ごしらかわほうおう》の第三皇女式子内親王《しょくしないしんのう》（?―一二〇一）に宛てた書簡「正如房《しょうにょぼう》へつかはす御返事」にも、臨終行儀に対する法然の否定的な見解が示されている。重篤な病を患っていた式子内親王は、法然に善知識《ぜんちしき》になってくれるよう依頼した。善知識とは、臨終者に念仏を勧めたり、往生できる環境を指示して整えたりするなどして極楽浄土へと導く僧のことである。式子内親王からの依頼に対して法然は、内親王は日頃から極楽往生を願って念仏を称え、その功徳を積んでいるのであるから往生は間違いないと説いた上で、善知識は平生《へいぜい》に念仏を称えなかった者には必要だが、称えていた者には必要ではないとしてその依頼を断っている。

二、呪術への姿勢

治病と祈禱

法然が生きた時代には、自力の行為である呪術にあらゆる場面で頼るのが当たり前とされていた。他力の念仏や信心の必要を説いた法然は、呪術が常識とされるなか、それに関してどのように考えていたのだろうか。

まず、『浄土宗略抄《りやくしょう》』「鎌倉二位の禅尼へ進ぜられし書」の治病に関する見解を見ていきたい。「鎌倉二位の禅尼」とは、源頼朝《みなもとのよりとも》の妻北条政子《ほうじょうまさこ》（一一五七―一二二五）である。この書簡は、正治《しょうじ》元年（一一九九）以降に法然が政子のために浄土の教えをしたためたものである。

　宿業《しゅくごう》限り有て受くべからん病は、いかなるもろもろの仏神に祈るとも、其《そ》れに依《よ》るまじき事也。祈るに依《より》て病も止み、命も延る事あらば、誰かは一人としてや《(病)》みし《(死)》ぬる人あらん。況《いわん》や又仏の御力は、念仏を信ずるものをば、転重軽受と云ひて、宿業限り有りて、重く受くべき病を、軽く受けさせ給ふ。況や非業《ひごう》を払ひ給はん事ましまさざらんや。されば念仏を信ずる人は、縦《たと》ひ何なる病を受くれども、皆是宿業也。

法然は、宿業による病、つまりは前世の因縁《いんねん》による病を患った場合に、仏や神に祈るのは無意味であるとしている。祈ることによって病が治り延命できるのであれば誰が病んで死ぬだろうかとまで述べている。仏は、念仏を信じる者の病を軽くさせる力を持っており、宿業以外の原因による病にはかからないようにしてくれるという。

要するに法然は、仏や神への祈禱によって病気が治るとは考えていなかった。このような考え方は、現代に生きる私たちには比較的納得しやすいものであるが、当時においては決して一般的なものではなかった。

授戒による治病

法然は、自身が病を患った時には、医師の診察を受け、灸や湿布をし、唐から調達した薬を飲むなど、医薬による治病を受けていた（建久九年〔一一九八〕四月二六日付津戸三郎為守《つのとのさぶろうためもり》宛書簡）。たしかに、法然が神仏への祈禱による治病を自分のために行った形跡はない。

だが、依頼を受けた場合には別であった。時の権力者、関白九条兼実《かんぱくくじょうかねざね》（一一四九―一二〇七）は、文治《ぶんじ》五年（一一八九）頃から法然に篤く帰依しており、しばしば病気治療のための授戒《じゅかい》を依頼していた。そもそも授戒とは、制戒を授けて仏弟子とする儀式だが、次第に呪術化して祈禱の一つの形態ともなっていた（石田瑞麿『日本仏教思想研究』二）。

兼実の日記『玉葉《ぎょくよう》』建久二年（一一九一）九月二九日条には、兼実の娘で後鳥羽《ごとば》天皇中宮《ちゅうぐう》の任子《にんし》が病の床についたので、法然に授戒をしてもらったことが見える。この時、身分の低い法然を招き中宮に受戒させたことへの批判が起きた。それについて兼実は、近年「名僧」と呼ばれる僧侶たちが戒律をまったく知らないのに対し、法然は戒律を学んでおり、授戒に効験があるから、周囲からの誹謗《ひぼう》中傷を顧みずに授戒を依頼したのだ、と述べている。

法然は、戒律で知られた師叡空の影響からか、戒律を厳格に守っていた。そもそも僧侶には、守るべき戒が定められていた。たとえば、その中には女性との性的な交わりを戒める不《ふ》淫戒《いんかい》もあったが、あくまでもそれは建前として捉えられ、実際に守る僧侶は珍しかった。弘《こう》安《あん》六年（一二八三）に無住《むじゅう》が著した仏教説話集『沙石集《しゃせきしゅう》』巻四―二「上人の妻に後《おく》れたる事」に、「末世《まっせ》には、妻持たぬ聖《ひじり》は次第に少《すくな》く、後白河の院は、『隠すは聖人《しょうにん》、せぬは仏《ほとけ》』と仰せられけるとかや」（末世には妻を持たない聖は徐々に少なくなり、後白河上皇は「妻帯を隠すのは聖人であり、妻帯をしないのは仏だ」と仰《おっしゃ》ったとか）とあるほどである。妻帯が当たり前だった中、法然は不淫戒を厳格に守ったことで知られていたのである。

兼実は、法然の授戒を高く評価しその験を認め、病気治療のためにたびたび招いていた。『玉葉』正治二年（一二〇〇）九月三〇日条には、天台僧の成円《じょうえん》とともに法然を呼び寄せ、妻の病気を治療させている。この時、法然は授戒を、成円はモノノケをヨリマシに憑依させる憑祈禱を担当した。兼実は、法然の授戒に「その験あり、もっとも貴ぶべし、貴ぶべし」と手放しの喜びようである。『玉葉』には、法然と往生の業について話し合ったとする記述は一か所しか見えず、その他はもっぱら授戒に関する記述である。兼実にとって法然は、憑祈禱に長《た》けた成円と同様、病気治療に効験を発揮する僧だったのである。要するに、法然の行う呪術に期待し、篤く帰依したのであった。

このような兼実を、法然はどう受けとめていたのだろうか。弟子であり鎌倉幕府の御家人だった熊谷直実《くまがいなおざね》（一一四一―一二〇八）に宛てた書簡（年未詳五月二日付）では、持戒《じかい》や誦経などは阿弥陀仏の本願ではないものの、極楽往生を願う人はまずは必ず本願である念仏を行った上で、もしこれらの行を念仏に加えて行いたいと思うのであればすればよい、と説いている。同様のことは、建久六年九月一八日付津戸三郎為守宛書簡にも見える。津戸三郎為守（一一六三―一二四三）が堂の建立や写経などをしてもよいだろうかと質問したのに対し、法然は、そのようなことをしたいと思うのはむしろ自然であり、現世利益のために仏や神に祈るのは差しさわりがないとしている。法然は、念仏の行を妨げる行為は憚《はばか》らなくてはならないが、そうでないのであれば問題ない、としたのである。

法然は、兼実に対しても、授戒を必要とするのであれば否定はしないとする立場をとったのであろう。それだからこそ、求めに応じて授戒をしたのである。ただし、授戒後には、念仏を行うのが恒例であった。法然は、授戒後の念仏によって、呪術による現世利益を求める兼実を念仏の道へと導こうとしたのである。

祈禱の受容

醍醐本《だいごぼん》『法然上人伝記』「一期《いちご》物語」には、法然の病が祈禱によって平癒したことが語られている。「一期物語」は、法然の弟子勢観房源智《せいかんぼうげんち》が法然の言を筆録したものであり、法然の没年（一二一二年）から源智の没年（一二三八年）の間に作られたと考えられる。法然の病気平癒の話は次のようなものである。

法然は瘧病《ぎゃくびょう》（マラリア）を患い、様々な治療を施されたものの、一向に良くならなかった。その病状を大いに心配した九条兼実が、自ら描いた善導の御影《みえい》を病床の法然の前に置き供養したいといい出した。兼実は、供養を天台僧の聖覚《せいかく》に依頼した。すると聖覚は、「私も瘧病を患っていますが、師である法然上人の恩に報いるためにやりましょう」と返事をした。善導像の供養を行い説法が終わった頃には、なんと法然の病も聖覚の病もともに平癒したのであった。この時、善導の御影からは異香《いこう》が薫ってきたという。世間の人はこれに大いに驚き、不思議なことだと称賛したのであった。

聖覚は、延暦寺の学僧であり、法然に帰依していた。藤原定家《ふじわらのさだいえ》の日記『明月記《めいげつき》』寛喜《かんぎ》二年（一二三〇）四月一四日条によると、善導の像の供養によって聖覚が病気治療をしたとあるので、法然のための治病は歴史的事実だと判断してよいだろう（平雅行『親鸞とその時代』）。

けれども、そもそも法然は、仏や神に祈禱しても病は治らないという立場をとっていたのではなかっただろうか。それにもかかわらず、法然に帰依していた兼実や弟子らは、同様の考え方は持っていなかったことになるだろう。さらにいうと、もし法然が祈禱を固辞したのであれば、または後になって批判したのであれば、伝記にこのような話が載るはずはない。法然は弟子らの行為を固辞することも批判することもせず、受け入れたのである。

法然の臨終

建永《けんえい》二年（一二〇七）、法然は、弟子の安楽房《あんらくぼう》らが後鳥羽上皇から寵愛《ちょうあい》のあった女官と密通した嫌疑をかけられた事件により、土佐《とさ》国に流罪《るざい》とされることになった。ちなみにこの時、親鸞も連座し越後《えちご》国へ流罪となっている。建暦《けんりゃく》元年（一二一一）の暮れ、法然は帰洛《きらく》を許され帰京したものの、老齢での旅がこたえたのか体調を崩し、翌年正月二五日に八〇歳で入滅することになる。

親鸞編『西方指南抄《さいほうしなんしょう》』「法然上人臨終行儀」にはその臨終の様が記録されている。

弟子たちが阿弥陀仏像の手に五色の糸をかけ、もう一方の端を持つように促したところ、法然聖人は「これは世間でよく行われる臨終のあり方です。必ずしもこのようなことは必要ではないのです」と仰り、五色の糸を持たなかった。聖人は日頃から所持されていた慈覚大師《じかくだいし》の九条《くじょう》の袈裟《けさ》をかけ、枕《まくら》を北にし、顔を西に向け、臥《ふ》しながらに念仏を称え、まるで眠るように、正月二五日午《うま》時の中頃に往生されたのである。

親鸞は、法然の臨終に立ち会っていないので、見聞をもとに記録したのだろう。あくまでも見聞なので、史実かどうかは分からない。これによると法然は、五色の糸を持つのを拒んだので、臨終行儀を拒否したことになる。ただし、「山の念仏」の創始者慈覚大師円仁の九条の袈裟を掛けて息を引き取ったとされている点には着目すべきであろう。九条の袈裟とは、九幅の布を横に縫い合わせて作った大衣である。なぜ法然は、円仁の九条の袈裟を掛けたとされたのだろうか。序章で述べたように、平安浄土教では、臨終時の清浄にこだわり、沐浴をして浄衣を着なくては来迎がないかもしれないと考えられていた。法然は、五色の糸は拒否したものの、臨終時の衣にはこだわるかたちで往生を遂げたと語られたのである。

また、法然が死の床であえて円仁の袈裟を選んだとされる理由は、自身を天台僧だと認識していたからに他ならない。法然は『往生要集』の注釈書を多数著し、天台教団から専修念仏を批判された時には自身が天台僧であることを天台座主に切々と訴え、「叡山黒谷沙門《しゃもん》源空」と署名していた（「七箇条制誡《しちかじょうせいかい》」）。現在、法然に関しては浄土宗の開祖とされるのが一般的であるためか、天台宗とは決別し、新しい教えを説いたと考えられがちである。しかしそのような認識は、はたして正しいのだろうか。法然は、呪術を否定したものの、呪術と完全に決別してはおらず、要請された時には応じ、弟子の好意を否定はしなかった。その上、源信以来盛んに行われてきた臨終行儀を不要としたものの、円仁の袈裟を掛けて死に臨んだと語られたのである。

三、弟子たちの信仰

隆寛の臨終行儀

法然の門弟は、どのような信仰を持っていたのだろうか。個々人の信仰の真髄が表象されやすい臨終行儀に関する考え方を中心に見ていきたい。

『九巻伝』や『四十八巻伝』では、法然の門弟たちが真剣に臨終行儀をしていた様子が随所に語られている。たとえば、法然の弟子隆寛《りゅうかん》（一一四八—一二二七）もその一人である。隆寛は、臨終の一念《いちねん》（一回の念仏）と平生の多念《たねん》（多くの念仏）によって往生できるとし、一念を離れた多念も多念を離れた一念もないとする立場にあった。正嘉《しょうか》元年（一二五七）の仏教説話集『私聚百因縁集《しじゅひゃくいんねんしゅう》』では、多念義《たねんぎ》（長楽寺義《ちょうらくじぎ》）の祖だと位置づけられている。

少納言《しょうなごん》藤原資隆《すけたか》の子として生まれた隆寛は、比叡山横川に住んで伯父皇円《こうえん》のもとで天台を学び、皇円の法兄範源《はんげん》にも師事した。源信の恵心流《えしんりゅう》の流れを受け継ぐ浄土教に帰依した隆寛は、のちに叡山を下り、青蓮院《しょうれんいん》の慈円《じえん》に勤仕して権律師《ごんのりっし》に任じられている。

隆寛が法然の門下に入った時期は定かではない。法然は、主著『選択本願念仏集』の書写を許すほどに隆寛に重きを置いていた。

隆寛は、晩年、法然の教えの宣揚に努め、多数の著作を執筆した。ただし、そのうちの一つである、七三歳の時の著作『極楽浄土宗義《ごくらくじょうどしゅうぎ》』では、法然の門下になったものの、仰ぐところはもっぱら源信の教えである、としている。隆寛は、法然から重んじられた弟子ではあったものの、あくまでも天台僧としての立場から法然の教えを受容したのである。

『九巻伝』第九上「隆寛律師往生事」には、隆寛の往生の様が次のように語られている。

病床についた隆寛は、往生の時が来たことを周囲の者に告げ、「予が義の邪正《じゃしょう》をも、一《いっ》向専修《こうせんじゅ》の往生の手本をも、只今《ただいま》あらはすべき也」（私の教えの正邪をも、一向専修の往生の手本をも、今こそはっきり示さなくてはいけません）といい、阿弥陀三尊像に向かって五色の糸を手にかけ、座って合掌した。「臨終の一念は百年の業《ごう》にも勝《まさり》たり」（臨終時に称える一回の念仏は百年間の業よりも勝っています）といい、高声《こうしょう》に念仏して息絶えたのであった。満八〇歳であった。臨終の室には異香が満ちた。隆寛の臨終には多くの人々が集まり、ますます信心を増したのであった。

『四十八巻伝』巻第四四にも、これとほぼ同様の記述が見える。隆寛は『往生要集』にあるとおりに臨終行儀を行い、それを「一向専修の往生の手本」として位置づけ、『往生要集』の「臨終の一念は百年の業にも勝たり」を引用し、臨終の念仏こそが重要であるとした、とされている。ちなみに高声とは、大きな声のことである。念仏や経典読誦は、低声（小さい声）ではなく高声でやると、より効果があると考えられていたのであった。

『九巻伝』と『四十八巻伝』は、法然の直弟子がこのような往生を遂げたことを批判するどころか称賛する姿勢をとっている。直弟子による臨終行儀についての問題意識は、ここにはまったく見られないといえよう。

津戸三郎為守の信仰

次に、親鸞編『西方指南抄』で、大胡実秀とともに「聖人根本の弟子」とされた津戸三郎為守の信仰について見ていきたい。津戸三郎為守は、武蔵《むさし》国に住む鎌倉幕府の御家人であった。源頼朝に付き従って東大寺落慶供養《とうだいじらっけいくよう》のために上洛した折に、法然の元を訪れた。為守は殺生《せっしょう》を生業《なりわい》とする武士であっても、念仏さえ称えれば極楽へ往生できるとする専修念仏の教えに惹《ひ》かれることになる。

法然が為守に宛てた書簡は、『西方指南抄』や『九巻伝』などに引用されている。『九巻伝』は伝記であるものの、書簡の引用箇所に関しては歴史的事実と考えてよい。

『西方指南抄』には、為守が法然宛に書いた書簡への返事、建久六年（一一九五）九月一八日付津戸三郎為守宛書簡がある。それによると、東大寺落慶供養から鎌倉へ帰った為守は、周囲の者から「無智《むち》のもの」だから念仏を進められたのだといわれたようである。これに強い不安を感じた為守は、法然に真偽を問い、そうではないとの返事を得ている。法然は、阿弥陀仏の本願は、あまねく衆生のためのものであり、無学かどうかはまったく関係のないことであると強調している。この書簡を受け取った為守は、安堵《あんど》し、専修念仏の教えにさらに傾倒したことだろう。自己の無学と武士としての罪障に負い目を感じていた為守の目には、専修念仏の教えは実に魅力的に映ったはずである。

ところが為守は、法然からの返書を得たのちも、自身の極楽往生を確信しきれなかったようである。というのは、為守は、法然入滅後、学問がない者は往生できないとする説を耳にし、再び不安に陥り、法然の高弟 證空《しょうぐう》に書簡を送り真偽のほどを尋ねていたからである。為守は、世の中一般の常識と専修念仏の教えとの狭間で、なかなか自身の極楽往生を確信することができず、揺れていたのであった。

『西方指南抄』で語られた往生

為守の信仰を考えるにあたって、その臨終についての検討は不可欠である。法然が不要と見なした臨終行儀について、為守はどのように考えていたのだろうか。『西方指南抄』は、法然の伝記や法語、書簡などを親鸞が集め書写した史料であるが、親鸞自身の言葉と推測できる箇所もある。たとえば、建久六年九月一八日付津戸三郎為守宛書簡の引用ののちに、親鸞による注記だと考えられる記述がある。

ツノト（津戸）ハ生年八十一ニテ、自害シテメデタク往生ヲトゲ（遂）タリケリ。故聖人往生ノトシトテ、シタリケル。モシ正月二十五日ナドニテヤアリケム。コマカニタヅネ記スベシ。

『西方指南抄』のこの箇所は、康元《こうげん》元年（一二五六）に書かれている。康元元年は、為守の死から一三年後となる。為守は、八一歳で、なんと自害によって人生の幕を引いたのである。驚くべきことに、親鸞は、自害によって「めでたく往生をとげた」と、その死にざまを全く否定していない。そもそも仏教では、不殺生戒《ふせっしょうかい》がある。それが自身の殺生、つまり自害にも当てはまるかどうかは議論が分かれるところではあるが。

法然は八〇歳で入滅した。為守は八一歳なので同じではないものの、近い年齢での入滅となっている。その点に親鸞は興味を覚え、法然と同じ歳だから自害したのだとしている。さらに、為守の臨終した日は、法然と同じ正月二五日だったのではないかとし、臨終の日については詳しく調べて記す必要がある、としたためている。この書きぶりからすると親鸞は、法然とほぼ同じ年齢で、もし同じ日に逝去したのであれば、この上なく尊いことだと思っていたのだろう。

『九巻伝』で語られた自害往生

為守の自害往生については、『九巻伝』巻九―下「津戸入道往生事」で詳しく語られている。その内容は、以下のとおりである。

法然の入滅後、極楽浄土に早く往生したいという為守の念願はどんどん高まっていった。そうしたところ、仁治《にんじ》三年（一二四二）一〇月二八日から二一日間、法然の門弟らを集めて別時《べつじ》念仏を行った。その結願《けちがん》の日にあたる一一月一八日の夜半、高声《こうしょう》念仏を数百回称えたのち、ひそかに腹を切り、中の臓器をことごとく取り出して包み、それを童子に渡して川に捨てさせたのである。夜中の出来事だったので、周囲の者はこれにまったく気がつかなかった。その後、周囲の僧らに「釈迦は八〇歳でご入滅し、法然上人も八〇歳でご往生された。この尊顔《そんがん》（為守の出家後の名）は満八〇歳である。第十八は阿弥陀仏の念仏往生の願であり、今日は一八日だ。今日往生できたのならば、なんと素晴らしいことだろう」と語った。しかし、一八日に死ぬことはなかった。腹を切り臓器まで取り出して捨てたにもかかわらず、不思議なことにまったく痛みもなく、念仏をし続けていた。七日経っても死ぬ気配がないので、うがいの水によって生き延びてしまっているのだろうと考え、うがいをやめた。それでも弱ることはなく、なんと疵《きず》は治ってしまったのであった。死ぬことができないまま、正月一日になった。長年、為守は正月一日には臨終の儀式をし、いつか来る臨終に備えていた。それゆえ、「そうか。今日往生することになっているから、腹を切ったのちも生き延びていたのか！」と悦《よろこ》び、しきりに念仏をしたけれども、相変わらず死ぬことはできない。そしてついに一三日の夢に法然が現れ、「来る一五日の午剋《うまのこく》に迎えに行きますよ」と告げたのである。これに随喜《ずいき》した為守は、いよいよ念仏に励み、一五日になって法然から賜った袈裟を掛け、極楽浄土がある西の方角を向き、高声で念仏数回を称え、午の剋に念仏とともに息絶えたのであった。紫雲《しうん》が空からあらわれ、部屋の中には異香が満ち満ちていた。為守の自害往生《じがいおうじょう》については、鎌倉の将軍家からもお尋ねがあったので、特に詳しく記した。

『九巻伝』は、為守の死から七〇年ほどのちに、法然の弟子によって制作された絵巻物である。『九巻伝』は、あくまでも伝記なので、必ずしも史実を伝えてはいない。第一、腹を切り臓器のすべてを取り出して捨ててしまった人間が二か月以上も生きていたなどというのは、にわかには信じがたい。ただし、為守が自害往生を遂げたこと自体は、『西方指南抄』にも見えるので、歴史的事実と考えてよいだろう。

正念のための自害

通常の臨終の場合、病による苦しみがあったり、意識が朦朧《もうろう》としたりで、意識を集中して念仏することはとても難しい。そのため、「臨終正念できなければ極楽往生できないではないか」という悩みを持った者が多くいたのだろう。その解決のために、健康なうちに一心に念仏を称え自害を遂げて極楽往生しようとする者が出てきたのである。このような往生を自害往生という。

為守が自害に至った理由は、まさしく臨終正念による極楽往生を目指したからである。為守の自害往生については、『九巻伝』のみではなく、ほぼ同時期に制作された『四十八巻伝』でも同様に語られている。そこには、為守が西の方角に向かって座り、阿弥陀仏の来迎による光を浴びている様が描かれている。為守の自害往生について、『四十八巻伝』では、もし自害をして息を引き取る直前に「後悔の一念」が起こってしまえば元も子もないので、好んでこれをやってはいけないと戒めており、称賛してはいない。

『九巻伝』や『四十八巻伝』では、為守は腹を切ったのちには、痛みを感じることもなく、元気だったとされている。こんな不自然なことがあえて書かれた理由は、腹を切ってあまりの痛さに呻《うめ》いてしまったとしたのでは、臨終正念が叶《かな》わず極楽往生が危ぶまれるからである。だから、為守は飲まず食わずでも、へっちゃらだったと強調されている。生物学的にありえない話ではあるものの、そのような話にしなくてはならなかったのである。往生伝などにも、死の直前になって病が治ったという話はしばしば見られる。

『四十八巻伝』では自害によって往生を志すあり方が否定される一方、『西方指南抄』では為守が「めでたく往生をとげたりけり」と高く評価され、『九巻伝』でも自害往生に関して否定的な見解はまったく示されず、称賛されるのみである。そもそも法然は、日頃から念仏を称える者に臨終行儀は不要であるとしていた。それにもかかわらず、『西方指南抄』を著した親鸞や『九巻伝』を制作した弟子たちは、為守の自害往生を褒めたたえたのである。

おまけに『九巻伝』では、為守は日頃から正月に臨終の予行練習をしていたとまでされている。いつか来る臨終の時に、間違いなく正念で念仏を称えることができるよう、練習したのである。この箇所は、為守の極楽往生への望みがいかに強かったかを語るくだりの一つとなっている。『九巻伝』の制作者は、臨終行儀を不要だとは見なしていなかったのであろう。『西方指南抄』や『九巻伝』からは、法然の臨終行儀に関する教えが必ずしもそのまま継承されはしなかったことが分かる。

それに対して『四十八巻伝』では、法然の弟子の聖光房弁長《しょうこうぼうべんちょう》が「自害往生・焼身往生《しょうしんおうじょう》・入水往生《じゅすいおうじょう》・断食往生《だんじきおうじょう》等の事、末代《まつだい》には斟酌《しんしゃく》すべし」として戒めたことも根拠の一つとして、このような往生のあり方が戒められている。鎌倉時代、自害による往生を望む者が少なからずいたから、あえてこのように書かれたのであろう。

説話の中の自害往生

鎌倉時代の説話集にも、しばしば自害によって極楽浄土に往生しようとした話が見られる。たとえば、鴨長明《かものながあきら》（一一五三？—一二一六）の著『発心集《ほっしんしゅう》』巻三—五は、「病ひなくて死なんばかりこそ、臨終正念ならめ」（病気にならずに死ぬ場合にこそ、臨終正念できるだろう）と考えた男が焼身自殺をしようとした話である。さらに、巻三—六は、二一日間ひたすら念仏を称えた挙句に入海《にゅうかい》往生を遂げた宮仕えの女房の話となっている。また、巻三—七は、播磨《はりま》国書写山《しょしゃざん》を訪れた僧が、焼身や入海による往生は目立ちすぎるために断食をして往生を遂げた話である。ここでは、身命を仏道になげうち一時の苦しみによってこれまでの罪を償って仏の加護を得て臨終正念することができるのだから、どうして焼身・入海をした者が往生できないことがあろうか、とされている。さらに、それだからこそ、このような死に方をした者の臨終時には異香や紫雲といった阿弥陀仏の来迎による奇瑞があるのだ、と結論付けられている。

一方、巻三—八では、入水往生の難しさが語られている。極楽往生を目指して入水した蓮《れん》華城《げじょう》という聖は、入水したその瞬間に後悔の念を起こしてしまったために往生できずに死霊となり跳梁《ちょうりょう》してしまう。本話では、火や水に入る苦しみは並大抵のものではないのだから、志が深くなければとてもではないがその苦しみに耐えることなどできないとされ、それだから自害による往生は非常に難しい、とされている。

このように自害による往生は、その瞬間に後悔の念が起こりがちであるために難しいことだという見解もあった。鎌倉時代の仏教説話集『沙石集』巻四―六「入水したる上人の事」には、後悔の念を起こして往生が阻まれることを懸念した僧の話がある。内容は以下のとおりである。

ある山に一人の上人がいた。一刻も早く極楽へ往生したいと願い、入水しようと考えた。上人は、仲間の僧に「臨終は一生の中で最も重要な瞬間ですよ。もし、入水してから命が惜しくなり極楽往生を一途《いちず》に願うことができなくなってしまっては往生できなくなってしまいます。だから、水に入ってから生への執着心が生じたら縄を引くので、引き上げて下さい」と頼んだ。そして自分の脇《わき》に縄をかけて念仏を称えて湖に飛び込んだ。少しして水の中から縄が引かれたので、上人は引き上げられ、「水中で苦しくなって妄念が起きてしまったので、このような心では極楽往生できないだろうと思って上がってきたのです」と告げた。何日か後に「今度こそ」といってまたもや飛び込んだものの、前回と同様に縄を引き、湖から上げられた。さらに、これを二、三回繰り返し慣れた上で水に入った。縄を持っていた人々は、「どうせいつものように縄を引くのだろう」と思っていたところ、なんと今回は縄は引かれなかったのである。そうこうしているうちに、空から音楽が聞こえ、水面に紫雲がたなびき見事だったので、見守った人々は随喜の涙を大いに流したのであった。

これは、念には念を入れて入水往生を遂げた上人の話である。現代に生きる私たちにとっては、ずいぶんと滑稽《こっけい》な話に見える。けれども、しばしば自害による往生が試みられていた当時においては、いかに臨終正念するかは切実な問題だったのである。

證空と臨終行儀

法然の高弟であり、のちに浄土宗西山《せいざん》派の祖とされた善恵房《ぜんえぼう》證空(一一七七―一二四七)についても検討していきたい。證空は、加賀権守《かがのごんのかみ》源親季《ちかすえ》の長男として生まれ、九歳の時に土御門《つちみかど》(久我《こが》)通親《みちちか》の養子となる。建久元年(一一九〇)、一四歳の時には自ら元服を拒み、出家して法然の弟子となった。證空は、法然から、聖道門《しょうどうもん》(この世で自力によって悟りを開くことを説く教え)を理解した上で浄土門《じょうどもん》を学ぶように勧められたため、天台止観《てんだいしかん》を学び密教の修学もしている。

証空は、法然の他力に関する思想を継承し、それをさらに強調した。証空の著作物では、他力の信心がなければ極楽往生はできない、とされている。証空は、法然から篤い信頼を寄せられた弟子の一人であった。ただし、法然の信仰と証空の信仰とは少々異なるといわざるをえない。なぜならば、法然が学問をして名号の意味を理解して念仏を称える必要はないとしていたのに対し、証空は仏の因縁を知った上で念仏を称える必要があると主張したからである。

証空は、臨終のあり方についてはどのように考えていたのだろうか。『女院聞書《にょいんききがき》』下巻を見てみたい。『女院聞書』下巻は、後高倉院《ごたかくらいん》妃の北白河院陳子《きたしらかわいんちんし》（一一七三―一二三八、一二二二年院号宣下）から出された疑問とそれへの証空の返答が書かれている。この史料は、承《じょう》久《きゅう》年間から貞応《じょうおう》年間頃（一二一九―一二二四）のものである。

> 仏体すなはち機《き》をはなれざれば長時《ちょうじ》と別時《べつじ》と差別なし。長時別時一時なれば臨終平生また異ならず。平生には長時を別時にはげみ、臨終には別時も長時にきはむる。又いつを臨終とさだめ、いつまでか平生ならん。今生むなしく尽なん此時《このとき》すなはち往生の時なり。

証空は、平生の念仏も臨終の念仏も違いはない、と述べている。臨終時と平生時の区別をどの時点にするかも曖昧《あいまい》であるので、それらを区別することに意味を見出すことはできないと考えたのである。

ただし証空は、臨終時に善知識は必要だと考えていた。『女院聞書』下巻では、次のように述べている。

もし臨終の時は、知識にもあひ、また日頃の業にもよりて、その心の他力にもうつりて候ばかならず往生すべし。

臨終時には善知識に会い、日頃からの念仏の功によって他力になれば、必ず往生できる、としている。前述したように法然は、日頃から念仏を称える者の臨終には善知識は不要であるとしており、式子内親王から善知識になってほしいとの依頼を受けた時にもこれを断っていた。一方証空は、善知識の依頼があれば引き受けている。たとえば、かつて天台僧慈円《じえん》に師事した縁から、その臨終時には善知識となっているのである。『女院聞書』下巻では平生時と臨終時の念仏に差異はないとしているものの、やはり証空にとって臨終時の念仏は極楽往生の可否を決める重要なものだったといえる。

　證空は、称名念仏ばかりではなく観想念仏も重んじていた。一例を挙げると、證空が當麻寺の迎講に関わった形跡がある。迎講とは、阿弥陀仏や菩薩たちが臨終する者のもとに来迎する様子を具象化した演劇である。それを観る者は、観想念仏の一助としていたのであった。

證空の臨終

　證空の晩年から臨終に至るまでは、『四十八巻伝』第四七巻で詳しく語られている。それによると、證空は、毎月一五日には必ず二十五三昧《にじゅうござんまい》を行い、亡者のため、その忌日に追善《ついぜん》供養《くよう》をしていたということである。死の四日前には、往生が近づいていると門弟に予告し、二日前には天台大師講《てんだいだいしこう》を行った。さらに一日前には本尊の阿弥陀仏を称揚し、当日には九条の袈裟を着て阿弥陀経を読誦《どくじゅ》し、阿弥陀仏像を前にして念仏を二百回あまり称えて西に向かい座って合掌し、眠るようにして息絶えたのであった。

　二十五三昧は、源信を中心とする比叡山横川の僧によって始められ、毎月一五日に集まって念仏を称えることを規則の一つとしていた。天台大師講を行ったとされていることからも、『四十八巻伝』を制作した者は、證空について天台宗の影響を強く受けていた僧であると認識していたことになる。九条の袈裟を着て入滅したと語られているのは、法然の臨終を意識してのことだろうか。阿弥陀仏像の前で念仏を称えて眠るように入滅したというのは、平安浄土教で理想とされた臨終のあり方である。

要するに『四十八巻伝』の證空は、臨終行儀をしたことになる。『四十八巻伝』はあくまでも伝記なので、必ずしも歴史的事実を記録してはいない。そうではあるものの、『女院聞書』などから證空が善知識を必要なものと考えていたことは明らかである。それから考えると、臨終行儀をして入滅したと考えるのはごく自然なことではないだろうか。少なくとも『四十八巻伝』を制作した舜昌は、そのように考えたのだろう。

弟子による臨終行儀

法然の弟子の中でも重要な弟子であった隆寛、津戸三郎為守、證空は、いずれも『九巻伝』や『四十八巻伝』で臨終行儀をしたとされている。『九巻伝』と『四十八巻伝』の制作には、法然の教えの継承者が携わっていた。彼らは、法然の直弟子の臨終行儀を積極的に語った。『四十八巻伝』第四八巻では、『往生要集』にある臨終行儀について、これに過ぎるものはない、とされている。その上で、懐感《えかん》の『釈浄土群疑論《しゃくじょうどぐんぎろん》』には、心が乱れていない平生の時に称名念仏の功徳を積んでおけば、たとえ臨終時に称名念仏をしなかったとしても往生できると書かれている、とあるのである。『四十八巻伝』は、法然の思想とは若干ずれているといえよう。

『往生要集』の臨終行儀が貴族社会に与えた影響は、甚大であった。その影響は、貴族社会のみならず、天台以外の宗派の臨終行儀にも及ぶことになる。鎌倉時代でも、臨終時に善知識を招き、臨終行儀をして息を引き取るのは、ごく一般的であった。法然を尊崇した弟子たちの中でも、平安浄土教の影響のもと、臨終行儀をすることが当たり前のこととされていたのである。法然が臨終行儀を不要なものだと説いたのちも、その説は広くは受容されず、弟子たちにさえも必ずしも受け入れられてはいなかったことになる。極楽往生を切実に願えば願うほど、それへの不安は増し、法然門下でも臨終行儀への依存が常態化していったのだろう。

第二章　親鸞の生涯

一、法然との出会い

出自

承安《じょうあん》三年、親鸞（一一七三―一二六二）は、日野有範《ひのありのり》の長男としてこの世に生を享けた。日野氏は、藤原氏の一門であり、儒道と歌道の家であった。親鸞の曽孫覚如《かくにょ》（一二七〇―一三五一）は、親鸞の伝記絵巻『親鸞聖人伝絵《しんらんしょうにんでんね》』を親鸞入滅後三三年にあたる永仁《えいにん》三年（一二九五）に制作した。親鸞は、多数の著作を残したものの、出自を含め個人的なことについてはまったく書き残していない。したがって親鸞の出自については、『親鸞聖人伝絵』を見ていきたい。

夫聖人《それしょうにん》の俗姓は藤原氏、天児屋根尊《あまのこやねのみこと》二十一世の苗裔《びょうえい》大織冠《たいしょくかん》鎌子の内大臣の玄孫、近衛《このえ》大将右大臣贈左大臣従《じゅ》一位内麿公《うちまろこう》後長岡の大臣と号す。或は閑院の大臣と号す。贈正一位太政大臣房前公の孫、大納言式部卿真楯の息なり。六代の後胤《こういん》、弼宰相有国《ひつのさいしょうありくに》卿五代の孫、皇太后宮大進《こうたいごうぐうのだいしん》有範の子なり。しかあれば、朝廷に仕へて霜雪《そうせつ》をも戴《いただ》き、射山《やさん》に趨《わしり》て、栄花をも発《ひら》くべかりし人なれども……

親鸞関係系図

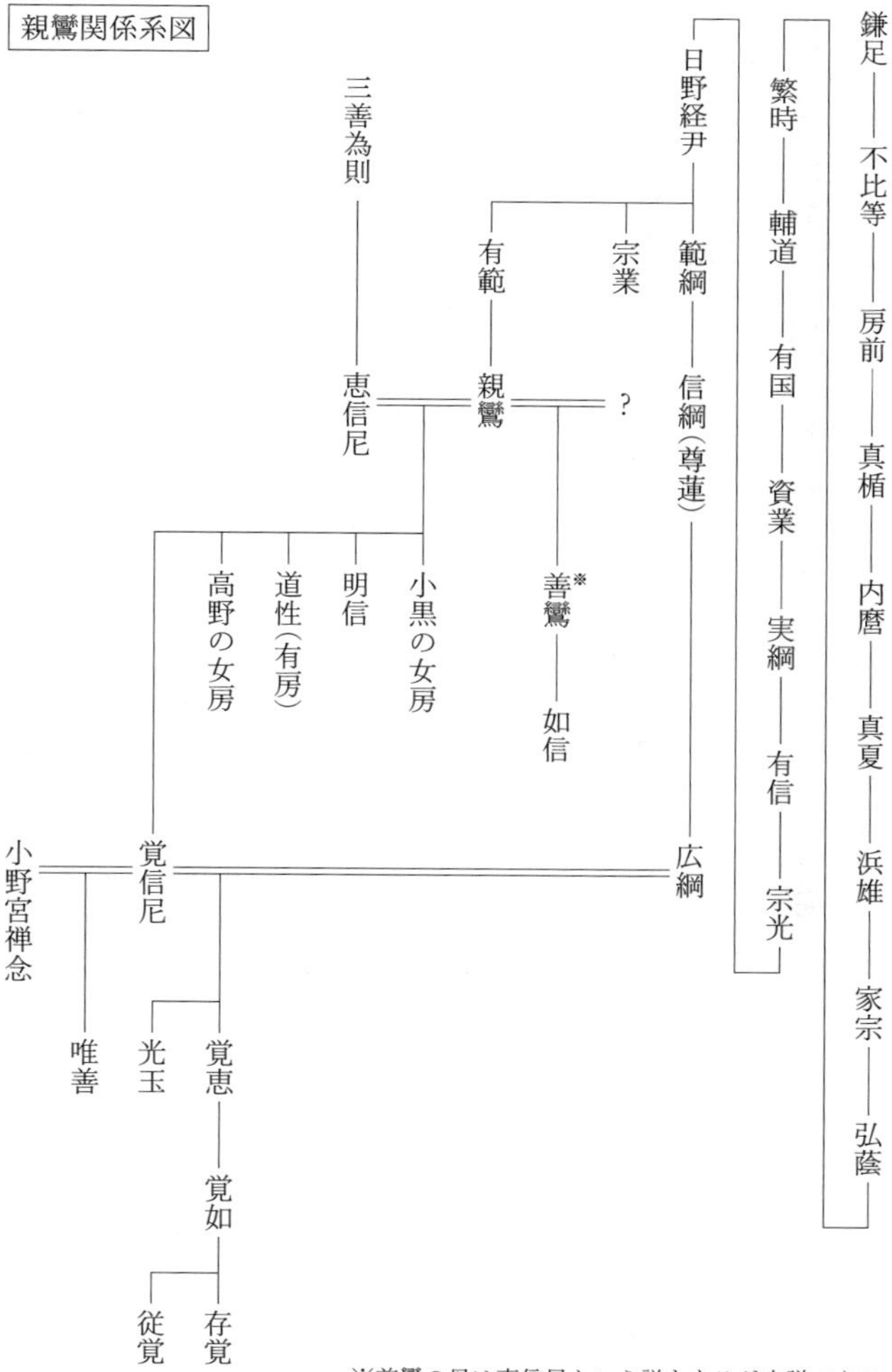

※善鸞の母は恵信尼という説もあるが未詳である

なんとも仰々しい書きぶりである。覚如は、正統な継承者としての自身の立場を堅持するために親鸞の権威づけをはかったのだろう。親鸞の父日野有範の肩書である皇太后宮大進とは、六位相当の者が任じられる職であった。一位から三位《さんみ》までが上級貴族、四位と五位が中級貴族である。要するに、有範は下級貴族であり、政治的な地位が低かった。『親鸞聖人伝絵』には、家柄が良かったので、「朝廷に仕へて霜雪をも戴き、射山に趨て、栄花をも発くべかりし人なれども……」（頭髪が白くなるまで朝廷に仕え、思うがままに権勢をふるい栄えることができるはずの人だったのだけど……）とある。実際とはかけ離れた一文であるといえよう。有範は、日野氏の中でも庶流の末に位置していた。したがって、その息子の親鸞は、貴族として生きたとしても栄達は叶わなかったことであろう。

出家

『親鸞聖人伝絵』によると、親鸞は、伯父日野範綱《のりつな》に伴われて九歳の春に出家した。親鸞のみならず、弟の尋有《じんう》、兼有《けんう》、有意《うい》、行兼《ぎょうけん》の全員が僧侶となっている。尋有はのちに比叡山東塔で善法院《ぜんほういん》の院主となり、常行堂検校《じょうぎょうどうけんぎょう》となっている。兼有は天台宗寺門《じもん》派の聖護院《しょうごいん》で出家し、有意は比叡山で出家している。さらに行兼は聖護院で出家し、兄兼有の弟子となったのであった。長男親鸞を含めた兄弟五人の出家という異常事態が何によって引き起こされたのかは定かではない。かつては有範の早世が理由として挙げられていたものの、親鸞が成人するまで存命していた形跡がある。とにもかくにも、家を存続することができない何らかの事情が生じたのである。

『親鸞聖人伝絵』では、親鸞は大僧正慈円のもとで髪をおろし出家したことになっている。慈円といえば、関白九条兼実の弟であり、天台座主《てんだいざす》に四回も任じられた高僧である。下級貴族の出である親鸞が慈円のもとで出家したとするのは、少々不自然であり、これも過飾の可能性が高い。第一、親鸞の著作物には、慈円の名は一切見えないのである（平松令三『親鸞』）。出家の詳細は、今となっては謎に包まれている。『親鸞聖人伝絵』によれば、出家後は「範宴《はんねん》」と呼ばれたようである。

比叡山での生活

親鸞は、二九歳までの二〇年間を比叡山で天台僧として過ごすことになる。比叡山でどのような生活をしていたかはほぼ不明であるが、唯一、のちに妻となる恵信尼《えしんに》が八二歳の時に末娘の覚信尼《かくしんに》に宛てた書簡（『恵信尼文書《えしんにもんじょ》』第三通）の追而書《おってがき》が参考になる。そこには、「殿のひへ（比叡）のやま（山）に、だうそう（堂僧）つとめておはしましけるが」とあるので、比叡山で堂僧《どうそう》をしていたことになる。堂僧は、常行三昧堂《じょうぎょうざんまいどう》で不断念仏《ふだんねんぶつ》をする職である。不断念仏とは、定められた期間、念仏を絶え間なく称《とな》え続ける行法のことである。不断念仏によって三昧《さんまい》（雑念を離れ一つの対象に心が集中し散乱しない状態）の境地に入り、悟りに至るとされている。

親鸞は、『親鸞聖人伝絵』に「楞厳横河《りょうごんよかわ》の余流をたたえて」とあるので、横川の常行堂で堂僧をしていたのではないかと考えられる。横川の常行堂は、楞厳三昧院のうちの堂であり、天暦《てんりゃく》八年（九五四）に藤原師輔《もろすけ》によって創建された、と伝えられている（『山門堂舎記《さんもんどうしゃき》』）。楞厳三昧院は、織田信長《おだのぶなが》による比叡山焼き討ちまではあったと考えられるが、焼き討ち後に再興されることはなかった。

六角堂参籠

建仁《けんにん》元年（一二〇一）、親鸞は比叡山を下ることになる。親鸞は、この時のことについて『顕浄土真実教行証文類《けんじょうどしんじつきょうぎょうしょうもんるい》』（以下、『教行信証《きょうぎょうしんしょう》』とする）「化身土《けしんど》巻」の後序で「建仁辛酉（元年）の暦、雑行《ぞうぎょう》を棄てて本願に帰す」と振り返っている。比叡山では雑行にも専念しなくてはならず、そのことに不満を抱いていたのであろう。親鸞は、比叡山で生活するうちに、阿弥陀仏の本願にこそ帰依《きえ》したいと考えるようになったのであった。

恵信尼は『恵信尼文書』第三通で、下山から法然との出会いまでのいきさつについて、次のように覚信尼に伝えている。

やま《（山）》をいで《（出）》て、六かくだう《（角堂）》に百日こもら《（籠）》せ給て、ごせ《（後世）》をいの《（祈）》らせ給けるに、九十五日のあか月、しやうとくたいし《（聖徳太子）》のもん《（文）》をむすび《（結）》て、じげん《（示現）》にあづから《（預）》せ給て候ければ、やがてそのあか月いで《（出）》させ給て、ごせ《（後世）》のたすから《（助）》んずるえん《（縁）》にあいまいらせんとたづね《（訪）》まいらせて、ほうねん《（法然）》上人にあいまいらせて、又六かくだう《（角堂）》に百日こもら《（籠）》せ給て候けるやうに、又百か日、ふる《（降）》にもてる《（照）》にも、いかなるだい《（大）》事にもまいりてありしに、ただごせ《（後世）》の事はよき《（善）》人にもあしき《（悪）》にも、おなじ《（同）》やうにしやうじ《（生死）》いづ《（出）》べき道をば、ただ一すぢ《（筋）》におほ《（仰）》せられ候しを、うけ給はりさだめ《（定）》て候しかば、しやうにん《（上人）》のわたらせ給はんところには、人はいかにも申せ、たとひあくだう《（悪道）》にわたらせ給べしと申とも、せぜしやうじやう《（世々生々）》にもまよひ《（迷）》ければこそありけめとまで思まいらするみ《（身）》なればと、やうやうに人の申候し時もおほせ《（仰）》候しなり。

恵信尼は、親鸞が下山したのちに京都の六角堂《ろっかくどう》で百日間の参籠《さんろう》をして後世《ごせ》を祈ったとしている。つまり親鸞は、自身の極楽往生に不安を抱き、下山したことになる。比叡山にいたままでは極楽往生を遂げることができない、と考えたのであろう。参籠とは、神や仏からの夢《む》告《こく》を得るために、神社や寺に一定期間宿泊することである。この時代、神や仏は、夜中に夢でお告げをすると考えられていた。親鸞は、自身の後世について悩み、それを六角堂の本尊である救世観音菩薩《ぐぜかんのんぼさつ》からのお告げによって解決しようとしたのである。そして参籠を始めてから九五日目の暁、聖徳太子の文を手に持った何ものかの示現《じげん》があったのであった。

本文からは、観音菩薩と聖徳太子のどちらが示現したのかは曖昧である。それによって、示現の主体については、諸説がある。ただし、一般的に、本尊の示現を得たいがために、寺に参籠するのである。したがって、寺に参籠した場合、示現するのは本尊である。その上、後述するように、親鸞の弟子真仏《しんぶつ》の「親鸞夢記云《しんらんむきにいわく》」は、親鸞が書いた夢記を書写したと考えられ、そこには「救世大菩薩」が親鸞に偈《げ》を告げた、とされている。やはり、聖徳太子の文を手に持って示現したのは救世観音菩薩だったのだろう。

示現は、九五日目の暁にあったとされている。この時代の暁とは夜が明ける直前ではなく、真っ暗な時間帯を指す。暁の頃は、神や仏の活動時間であり、それらと人間とが交感《こうかん》する時間帯であった。

親鸞は、示現をこうむったのちにすぐさま六角堂をあとにし、後世を助けてくれるような縁にあいたいものだと求め、法然の元に行き着いたのであった。親鸞は、雨が降ろうと日が照ろうとどんなことがあろうとも通い続けた。法然は、善人でも悪人でも往生できる道があると一貫して説き示し、それを親鸞はしっかりと受けとめた、とされている。恵信尼は、親鸞が、「たとえ『法然上人《しょうにん》について行けば悪道《あくどう》に堕《お》ちるに違いない』と周囲の人間からいわれたとしても、私は法然上人について行くのだ」とまでいった、と回想している。親鸞は、法然を絶対的に信頼し崇拝していたようである。

聖徳太子が救世観音菩薩の化身《けしん》であるとする説は平安時代からあり、六角堂にはその創建は聖徳太子によるとする寺伝がある。親鸞が聖徳太子の文を持った観音菩薩の示現を得た理由は、このようなことなのだろう。

「行者宿報の偈」と結婚

「しやうとくたいし（聖徳太子）のもん（文）」の内容については諸説があり、なかでも有力な説が「行者宿報《ぎょうじゃしゅくほう》の偈《げ》」だとするものである。真仏の「親鸞夢記云」では、親鸞が六角堂の夢告で救世観音から「行者宿報の偈」を与えられたと語られている。「親鸞夢記云」は、もとは真仏の『経釈文聞書《きょうしゃくもんききがき》』中にあったものであり、これを取り出し現在軸装されている。真仏の死は親鸞のそれの四年前なので、「親鸞夢記云」は親鸞の生前に書かれたことになる。とすると、親鸞が自身の見た夢についての記録を書いており、それを真仏が写したものが「親鸞夢記云」である可能性が高いだろう。

「親鸞夢記云」には、「六角堂の救世大菩薩、顔容《がんよう》端政（正）の僧形《そうぎょう》を示現して、白き衲《のう》の御袈裟を服著《ふくちゃく》せしめ、広大の白蓮に端座《たんざ》して、善信《ぜんしん》に告命《ごうみょう》して言《のたまわ》く」（六角堂の救世大菩薩は、端正な容貌《ようぼう》の僧形で示現し、白い衲袈裟を身につけられ大きな白蓮にお座りになって親鸞に呼びかけお告げになられたことには）と前置きした上で、漢文の偈が記されている。その書き下し文と現代語訳を以下に示す。

行者宿報にてたとひ女犯《にょぼん》すとも
われ玉女《ぎょくじょ》の身となりて犯せられむ
一生の間よく荘厳《しょうごん》して
臨終に引導《いんどう》して極楽に生《しょう》ぜしめむ　文

（仏道修行者であるあなた〔親鸞〕が、前世からの因縁《いんねん》によってたとえ女性と交わることになった場合には、私は玉のような美しい女性となってあなたの妻になりましょう。一生の間あなたのことをよく助け、命終《みょうじゅう》の時には極楽浄土に導いてあげましょう）

そもそも、仏教では、出家者には多くの戒が課せられている。その一つが不淫戒である。要するに僧侶は、女犯を禁じられていた。二九歳の親鸞が、性に関する悩みを持っていたとしてもまったく不思議ではなかろう。つまり、自身の極楽往生を願い六角堂に参籠した親鸞は、性の悩みを抱えていたために、このような夢を見たのではないだろうか。夢には、日頃の願いや悩みが反映されやすいからである。「行者宿報の偈」は、結婚による死後の救済を約束したものであり、性の悩みを持つ僧にとっては、自己の欲を正当化できる点で非常に都合のよい内容となっている。

やがて親鸞は、京都で九条兼実に仕えていた中級貴族、三善為則《みよしためのり》の娘恵信尼と結婚した。恵信尼は、親鸞より九歳年下であった。二人は、子どもにも恵まれた。覚如の『口伝鈔《くでんしょう》』によると、恵信尼は「男女六人の君達の御母儀《ぼぎ》」とされている。室町時代末期に蓮如《れんにょ》の十男実悟《じつご》がまとめた「日野一流系図《ひのいちりゅうけいず》」でも、恵信尼の子として、小黒の女房《おぐろにょうぼう》、善鸞《ぜんらん》、栗沢《くりさわ》の信蓮房明信《しんれんぼうみょうしん》、益方《ますかた》の道性《どうしょう》（有房《ありふさ》）、高野《たかの》の禅尼《ぜんに》、覚信尼《かくしんに》の六人が実子として挙げられている。

ただし、善鸞に関しては、恵信尼の息子と考えるかどうかは見解が分かれるところである。なぜならば、親鸞が善鸞に宛てた書簡の中には、善鸞が「母ノアマ（尼）」を「ママハハ（継母）」と呼んだとされているからである。もし「母ノアマ（尼）」が恵信尼ならば、恵信尼は継母であることになる。どちらにしても善鸞には、実母と継母がいたことになるだろう。つまり、親鸞には複数の妻がいたのである。

ちなみに、「日野一流系図」では、親鸞の第一子として範意《はんい》（印信）という人物が挙げられており、範意の母は九条兼実の娘だとされている。しかし、範意についての史料は他には残されておらず、下級貴族出身の親鸞が関白の九条兼実の娘と結婚できたとは考えにくい。範意は、宗祖親鸞を高めるために書き込まれた架空の人物なのではないだろうか。また、室町時代の談義本《だんぎぼん》（大衆に布教するための本）である『親鸞聖人御因縁《しんらんしょうにんごいんねん》』にも、親鸞が法然の命令により九条兼実の娘玉日姫《たまひひめ》と結婚したとする伝承が見える。これも、歴史的事実とは到底見なすことはできず、伝承の域を出ない。

さて、親鸞は、結婚により不淫戒を破ったことになる。親鸞は、この点についてどのように考えていたのだろうか。『教行信証』「化身土巻」には、破戒についての親鸞の見解が見えるので、その内容を次に記す。

末法の時代には、ただ仏の教えが残っているのみであり、正しい修行もなく悟りもない。もし戒律があるのであれば、その戒律を破ることもあり得る。けれども、末法の世にはすでに守るべき戒律がないにもかかわらず、一体全体どの戒律を破ることで戒律を破ったといえるであろうか。戒律を破ることとすらないのに、まして戒律を守ることなどあるはずがない。

親鸞は、末法を強く意識していた。末法の世に生を享けた親鸞にとっては、もはや戒律は意味をなさないものだったのである。

越後への流罪

法然の専修念仏は、比叡山の衆徒から批判の的とされるようになる。彼らは天台座主に専修念仏の停止を申し入れた。それに対し法然は、元久《げんきゅう》元年（一二〇四）一一月、弁明の書状を提出し、他の宗門を批判しないことなどを盛り込んだ「七箇条制誡」を作り門弟らに連署させた。署名した一九〇名の門弟の八七番目には「綽空《しゃくくう》」の署名が見える。「綽空」は、親鸞が法然の門下となった時に付けられたと考えられる名前である。結局、「七箇条制誡」の提出により、天台宗からの批判はとりあえず弱まるかたちとなった。

親鸞は、法然の門下としてその信頼を得ていくことになる。『教行信証』「化身土巻」の後序によると、法然門下となって四年後の元久二年四月、法然の主著『選択本願念仏集』の書写を許可されている。この日、法然の肖像画を借り、それを写すことも許された。同年閏《うるう》七月には、完成させた肖像画に法然から直々に賛銘を書いてもらっている。また、夢の告げによって綽空という名を改名し、新しい名を法然に書いてもらったと「化身土巻」後序にある。改名後の名はそこには書かれていないが、現在のところ、親鸞と改名したとする説が有力である（平松令三『親鸞』）。親鸞という名は、天親《てんじん》（世親《せしん》）と曇鸞《どんらん》の名の一文字ずつをとったものとなっている。天親は五世紀頃に北インドで『浄土論』を書いた僧であり、曇鸞は浄土教に帰依した北魏の僧である。

主著の書写や肖像画を描くことは、教えの理解が進んでいる門弟にしか許されなかった。親鸞は『教行信証』「化身土巻」の後序で、『選択本願念仏集』を書写させてもらえたのは多くの門弟の中でもごくわずかであったとし、『選択本願念仏集』の書写と肖像画の制作を許されたことについて、「専念正業《せんねんしょうごう》の徳なり、これ決定往生《けつじょうおうじょう》の徴《しるし》なり」（念仏行者となった幸せであり、間違いなく往生できる身となったしるしである）と喜悦している。ちなみに、親鸞が描かせてもらったと伝えられる法然像は、現在、愛知県岡崎《おかざき》市の妙源寺《みょうげんじ》に所蔵されている。

さて、元久二年一〇月、一時は沈静化した専修念仏への批判が再燃することになる。今度は奈良の興福寺《こうふくじ》から朝廷に、専修念仏を禁止するよう訴状（「興福寺奏状《そうじょう》」）が届けられたのである。

そして建永元年（一二〇六）一二月、法然やその門下にとって大変不幸な事件が起きた。後鳥羽上皇が熊野《くまの》参詣《さんけい》のために京を留守にしていた時のこと、法然の弟子の安楽房《あんらくぼう》と住蓮《じゅうれん》房《ぼう》らが、京都の東山《ひがしやま》鹿《しし》ヶ《が》谷《たに》で念仏法要を行った。安楽房らは、即興で節《ふし》や拍子《ひょうし》を付けて「南無阿弥陀仏」を美しく魅力的に歌いあげ、人気を博していた。ところが、そこに後鳥羽上皇の寵愛があった女官が参加して感銘を受け、泊まり込んだ挙句になんと出家してしまったのである。後鳥羽上皇はこれに激怒し、安楽房らは密通の嫌疑をかけられた。結局翌建永二年、安楽房以下四人は六条河原《ろくじょうがわら》で処刑され、法然は土佐国へ、親鸞は越後国へ流罪に処せられることになった。この事件を建永の法難（承元《じょうげん》の法難とも）という。ちなみに、当時の法律では僧侶を処罰することはできないので、還俗《げんぞく》させられ、法然は藤井元彦《ふじいもとひこ》、親鸞は藤井善信《ふじいよしざね》と名付けられたのであった。

流罪というと、さぞかし苦難の生活を強いられたかのように語られがちである。たとえば、親鸞に関する小説、吉川英治《よしかわえいじ》『親鸞』（一九三八年）では、流罪になった親鸞が住む庵は「獄舎《ひとや》よりもひどい住居《すまい》」として、次のように描写されている。

松の――皮の付いたままの柱に、粗雑な茅《かや》を葺《ふ》き、板壁は少部分で、出入口は裏も表も薦《こも》を垂れているに過ぎない。雨でも降れば、廂《ひさし》の下の竹簀子《たけすのこ》は元よりのこと、奥の床まで吹きこむので、身の置き所もない庵室だった。

また、映像作品でも、ストーリーに起伏が生まれるからか苦難の生活が描かれる傾向にある。たとえば、三國連太郎《みくにれんたろう》監督・脚本の映画『親鸞　白い道』（一九八七年）では、流罪先の越後で迫害されたことになっている。また、浄土真宗本願寺派の制作によるアニメ『親鸞さまねがい、そしてひかり。』(二〇一一年)でも、親鸞一行は、猛吹雪の中、足を滑らせ崖から転げ落ちそうになりながら越後国へと向かう。

しかし、実際には越後までの道中で危険な目に遭うことはなかったであろうし、流罪の地で苦難の生活を強いられることもなかったと考えられる。なぜならば、親鸞の越後流罪の一か月ほど前、伯父日野宗業《むねなり》が越後権介《ごんのすけ》に任じられており、その上、越後国は妻恵信尼の実家三善氏ゆかりの土地であり、所領があったからである。これが偶然とは到底考えられない。親鸞は、役人である領送使《りょうそうし》によって越後まで連れてこられ、越後国府《こくふ》で過ごすことになる。流罪の地越後での親鸞の生活は、伯父日野宗業や三善氏の庇護《ひご》のもとにあったと考えられる。ひもじい生活を強いられたりなどしなかったであろう。

二、東国での布教活動

赦免

建暦元年(一二一一)、親鸞は流罪を五年で赦免《しゃめん》された。『教行信証』「化身土巻」後序には、流罪中にしたためたとされる赦免要求の文章ではないかとされるものが含まれている。そこには、自身について、処罰として還俗させられたことを述べた上で、次のようにしたためている。

しかれば已《すで》に僧にあらず、俗にあらず、是の故に禿《とく》の字を以《もっ》て姓とす。

すなわち、自身を、僧でもなく俗人でもないと位置づけた。「禿」とは、いわゆるハゲのことではない。正式の出家者のような剃髪ではなく、髪の毛が少し伸びた状態を指す。当時の成人男性は、髻《もとどり》を結い烏帽子《えぼし》をかぶる。親鸞は俗人ではないので烏帽子はかぶらず、かといって正式な出家者でもないので剃髪もしなかったのである。その後親鸞は、しばしば「愚禿《ぐとく》」と名乗ることになる。

さて、多くの場合、流罪を赦免されれば、以前に住んでいた京都に帰る。しかし、親鸞はそののちも二年間越後で生活し続けた。その上、越後での生活ののちには、妻恵信尼や子どもたちとともに東国《とうごく》へ向かうことになる。親鸞が京都ではなく東国での生活を選んだ理由は、定かではない。

東国へ向かった理由としては、法然入滅の知らせを受けていたからとする説や、法然の弟子たちによって執り行われた中陰法要《ちゅういんほうよう》の本尊が不動明王《ふどうみょうおう》、普賢菩薩《ふげんぼさつ》、弥勒菩薩《みろくぼさつ》などとされ、法然の教えとはかけ離れた信仰が弟子たちに広まっていたことが耳に入ったからではないかとする説、さらには、恵信尼の実家三善氏が常陸《ひたち》国に所領を持っていたから東国へ赴いたとする説、法然の弟子だった宇都宮頼綱《うつのみやよりつな》の支配下にあった常陸国の稲田《いなだ》に居を構えるためだったとする説など、様々な説が出されている。

親鸞は、東国では布教活動をしていたが、還暦の頃に東国での生活に終止符を打ち、帰京後はほとんど布教活動をしていない。親鸞は、流罪の経験から、京都での布教活動に限界を感じていたのではないだろうか。布教活動のために縁を頼って常陸国へと赴いた可能性も大いにあるだろう。ただし、親鸞自身が東国に赴いた理由をどこにも記していないので、依然として推測の域を出ることはできず、真相は闇の中である。

親鸞は、「むさしのくに《（武蔵国）》にやらん、かんづけのくに《（上野国）》にやらん、さぬき《（佐貫）》と申ところ」（『恵信尼文書』第五通）を経由して常陸国に入った。『恵信尼文書』第三通には、「ひたち《（常陸）》のしもつま《（下妻）》と申候ところに、さかい《（幸井）》のがう《（郷）》と申ところに候しとき」とあるので、常陸国下妻《しもつま》の幸井《さかい》の郷《ごう》（現在の下妻市坂井《さかい》）にも居住していたことになる。永禄《えいろく》一〇年（一五六七）の顕誓《けんせい》著『反故《ほご》裏書《うらがき》』には、常陸国へ来た親鸞は、まず下妻の小島《おじま》に三年間住んだとされている。現在、下妻市小島には、草庵の跡があり、石碑や五輪塔《ごりんとう》が建てられている。この小島草庵跡は、坂井からほど近くにある。

下妻での生活ののち、親鸞は「笠間郡稲田郷《かさまのこおりいなだのごう》といふ所」（『親鸞聖人伝絵』）に草庵を結ぶこととなる。「笠間郡稲田郷」とは、現在の茨城県笠間市稲田にあたり、かつて稲田草庵が営まれたと伝えられる地には、浄土真宗別格本山の西念寺《さいねんじ》がある。

現在、西念寺前を通る国道五〇号は、茨城県水戸《みと》市から群馬県前橋《まえばし》市を結ぶ幹線道路となっている。稲田は、親鸞の生きた時代でも、交通の要衝であった。布教活動をするには、適地であったに違いない。親鸞はここに住み、積極的に布教活動を行った。親鸞に直接会って教えを聞いた弟子（面授《めんじゅ》の弟子）の多くは、稲田から半径三〇数キロから四〇キロ以内のところに住んでいた。人間が一日で歩ける距離である。親鸞は一泊二日の行程で布教活動をすることが多かったようである（今井雅晴『親鸞と東国門徒』）。

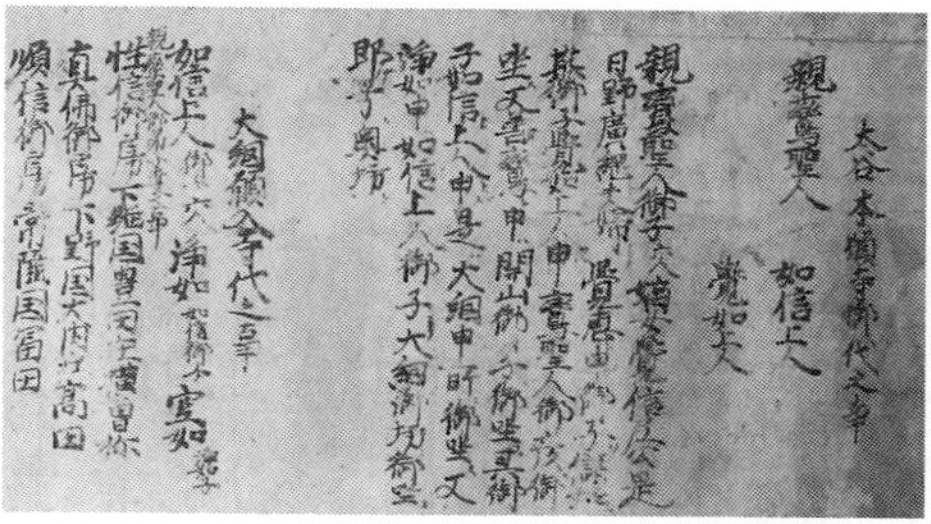

親鸞聖人高弟　二十四輩原本（願入寺所蔵）

東国の門弟

親鸞の門弟の中で特に有力だったのは、性信《しょうしん》や真仏《しんぶつ》、順信《じゅんしん》らである。性信は、有力門弟二四人の名を記した願入寺本《がんにゅうじぼん》「二十四輩牒《にじゅうよはいちょう》」の最初に名を記されている人物であり、下総《しもうさ》国西北部で活動した横曽根門徒《よこそねもんと》の指導者であった。二番目の真仏は、下野《しもつけ》国東南部を中心に活動した高田門徒《たかだもんと》の指導者である。さらに三番目の順信は、常陸国東南部の鹿島門徒《かしまもんと》の指導者であった。

親鸞は、東国で多くの弟子に恵まれた。親鸞の門弟は、武士、農民、漁師、猟師、商人など、様々な階層にまたがっていた。しかし、その布教活動の間には、反発にもあったようである。たとえば『親鸞聖人伝絵』下巻第三段には、山伏の話が語られている。その内容は以下のようなものである。

親鸞聖人が常陸国で専修念仏の教えを広められたところ、ほとんどの人々はそれを素直に信じて受け入れた。ところが、そうではない一人の山伏がいた。どうかすると仏法に敵意を抱き、挙句の果てには彼は親鸞聖人を殺害しようとその様子をうかがっていた。しかし、板敷山《いたじきやま》を常に行き来していらっしゃる聖人を待ち伏せしたけれども、まったく会うことができない。そこで稲田草庵を訪ねると、聖人は少しのわだかまりもなくお会いになった。聖人のお顔を見申し上げて、殺そうと思っていた心がすっかり消えうせ、後悔の涙を流さずにはいられなかった。こうして山伏は、弓矢を折り刀や杖《つえ》を投げ捨て、頭巾《ずきん》をはずして柿渋《かきしぶ》で染めた衣も脱ぎ、阿弥陀仏の教えに帰依することになったのであった。この山伏は親鸞の弟子となり、明法房《みょうほうぼう》と名付けられた。

この話のすべてが歴史的事実だったとは到底考えられない。親鸞の魅力的な人柄を強調するために様々な脚色が施されていることだろう。そうではあるものの、明法房は実在の人物であり「二十四輩牒」の第一八番目にその名が記されており、帰京後に親鸞が門弟に宛てた書簡にも明法房が往生の本意を遂げたとある。現在、板敷山（茨城県石岡《いしおか》市）の山頂には親鸞を祈り殺すために使ったと伝えられる護摩壇《ごまだん》の跡があり、山の麓《ふもと》には明法房ゆかりの大覚寺《だいかくじ》がある。

『教行信証』の執筆

現在の浄土真宗で根本聖典とされる親鸞の主著『教行信証』の正式な名称は、『顕浄土真実教行証文類《けんじょうどしんじつきょうぎょうしょうもんるい》』である。つまり、「浄土の真実の教えと修行、証《さとり》を顕《あら》わす経典、論書、注釈を集めた文集」となる。『教行信証』は、教《きょう》・行《ぎょう》・信《しん》・証《しょう》・真仏土《しんぶつど》・化身土《けしんど》の六巻から成っており、漢文体で記されている。『教行信証』では、『大無量寿経《だいむりょうじゅきょう》』を真実の教えと位置づけ、真実の極楽浄土へ往生するためには、自力を捨てて阿弥陀仏にすべてを委《ゆだ》ねる他力の教えが説かれている。阿弥陀仏によって信心（他力の信心）を与えられ、さらにはそれによる念仏（他力の念仏）を称えれば、真実の極楽浄土への往生が叶う、とされているのである。

れている。

親鸞の真蹟本《しんせき》は、門弟性信ゆかりの寺である坂東報恩寺《ばんどうほうおんじ》に伝来し、現在は東本願寺に所蔵されている。

『教行信証』では、末法に入ってからこれまでの年数を考えるにあたり、現在を元仁《げんにん》元年（一二二四）として計算している。したがって、この頃に初稿本が成立したとも考えられる。時に親鸞、五二歳であった。この年は、法然の一三回忌にあたり、末娘覚信尼が生まれた年でもある。その後、親鸞は、晩年まで加除訂正を続けた。

『教行信証』では、非常に多くの経典や注釈書などを引用した上で親鸞の見解が述べられている。自説の論拠を経典などの引用によって示し、証明するかたちで著述されているのである。親鸞は、経典や注釈書を、稲田周辺の神社や寺院で読んだのだろう。たとえば、親鸞がこれらの文献を調べるために通った神社・寺院の候補としては、稲村《いなむら》神社（茨城県桜川《さくらがわ》市）、筑波山《つくばさん》神社・筑波山中禅寺《ちゅうぜんじ》（同県つくば市）、常陸国分寺（同県石岡市）、静《しず》神社（同県那珂《なか》市）、吉田《よしだ》神社・吉田薬王院《よしだやくおういん》（同県水戸市）、鹿島神宮（同県鹿島市）などが考えられる（今井雅晴『五十二歳の親鸞―『教行信証』の執筆―』）。

三、帰京後の執筆活動

帰京

親鸞は、文暦《ぶんりゃく》元年（一二三四）の頃、つまり六二歳前後に東国を離れ京都へ帰った。その理由については定かではない。これまで、『教行信証』を完成させるためであるとか、望郷の想いが強くなったからだとされてきたが、親鸞やその家族らがその理由を書き残していない以上、不明である。不明ではあるものの、帰京後には布教活動をした形跡があまりないので、東国での布教が一段落したことから、生まれ育った京都へ戻る決心をした可能性もあるだろう。

現在、西念寺の横の田んぼには、見返り橋という小さな石橋がある。帰京する親鸞を恵信尼らが見送り、別れを惜しんだ親鸞がここで振り返ったと伝えられているのである。親鸞と恵信尼は、東国に赴く以前に小黒の女房と栗沢の信蓮房明信をもうけている（善鸞が恵信尼の実子であれば善鸞も）。その後、益方の道性（有房）、高野の禅尼、覚信尼を得た。『親鸞聖人伝絵』では、帰京の途中に箱根権現《はこねごんげん》に立ち寄ったとされており、そこには恵信尼や子どもたちの姿は描かれておらず、同行者として門弟蓮位房《れんいぼう》らが描かれているのみである。

親鸞が妻や子どもとともに帰京したかどうかは議論が分かれるところである。なぜならば、晩年の恵信尼と小黒の女房、明信、道性、高野の禅尼は、親鸞とは居を別にして越後で暮らしていたからである。末娘の覚信尼のみが京都で結婚し、生活していた。

西念寺の本堂（茨城県笠間市稲田）

西念寺の近くにある見返り橋（茨城県笠間市稲田）

ただし、のちに恵信尼が覚信尼に宛てた『恵信尼文書』第四通の中で「あの御えい《（影）》の一ふく《（幅）》ほしく思まいらせ候也」（あの御肖像画を一幅ほしいと思っております）として、「あの」親鸞の肖像画を送ってくれるように依頼していることや、第一〇通で「上のきんだち《（公達）》の御事も、よにうけ給りたくおぼえ候。あはれこのよ《（世）》にていまいちど《（今一度）》み《（見）》まいらせ、又み《（見）》へまいらする事候べき」（あなたの上の子どもたちのことも是非聞きたいと思っております。ああ、この世でもう一回子どもたちの姿を見ることができ、また私の姿を見ていただくようなことがあるでしょうか）としたためている点には注目しなくてはならない（平雅行「善鸞の義絶と義絶状」）。

というのも、覚信尼が京都へ来たのは、一〇歳前後のことであった。したがって、もし覚信尼が一〇歳前後で恵信尼と別れたのであれば、「あの御えい（影）」と特定の肖像画を指して依頼するとは考えにくい。その上、恵信尼は「あはれこのよ（世）にていまいちど（今一度）」としていることから、かつて覚信尼の子どもたちに会ったことがあるはずなので、親鸞の帰京時に同行しなかったとは考えにくいのである。恵信尼はある時期までは京都で親鸞と暮らしていたとするのが妥当だろう。

『親鸞聖人伝絵』には恵信尼や子どもたちが親鸞の帰京に同行した様が描かれていないものの、そもそも『親鸞聖人伝絵』には、恵信尼の姿は一切見えず、子どもたちに関しても、親鸞臨終の場面に覚信尼らしき女性の姿を確認できるのみである。『親鸞聖人伝絵』では、親鸞が阿弥陀仏の化現であるとする蓮位の夢想を挿入するなど親鸞賛仰の意識が強いからか、家族への言及を極力控えるような配慮がなされている。

のちに恵信尼と四人の子どもたちが親鸞と居を別にして越後に赴いた理由は、定かではない。しかし、後述するように、最晩年の恵信尼は依然として親鸞を慕っていた。したがって、不仲による別居ではなく、むしろ生活のために居を別にせざるをえなかったのではないかと考えられる。なぜならば、親鸞は、実家の没落により所領もなく、東国の門弟からの志の銭によって支えられていたからである。

異義の発生と執筆活動

帰京後の親鸞には、積極的に教えを説いて歩いた形跡があまりない。康永《こうえい》三年（一三四四）の年紀を持つ妙源寺本《みょうげんじぼん》『親鸞上人門侶交名牒《しんらんしょうにんもんりょきょうみょうちょう》』には、面授の弟子の名が四八名挙げられ、そのうちの七割近くが常陸国を中心とする東国在住者となっている。洛中の弟子としては八名挙げられているものの、そのうち四名は親族である。さらに、その八名の中には、東国から随行した蓮位も含められている。それゆえ、帰京後の弟子は、賢阿《けんあ》、善善《ぜんぜん》、浄信《じょうしん》の三名のみしか記録されていないことになる。

親鸞は、帰京後には執筆活動を盛んに行った。親鸞の著作物のほとんどは、七〇代と八〇代に書かれたものである。というのも、建長《けんちょう》四年（一二五二）頃から東国の門弟の間で異《い》義《ぎ》が顕著となる。異義とは、本来の教えとは異なった見解のことである。異義を防ぐためであったのか、それ以後、積極的に自身の教義を多く著すようになるのである。その中には、平易な和文体で書かれたものが目立つ。五〇〇種以上の和讃《わさん》を作っている点にも着目すべきであろう。親鸞の和讃は、七五調四句《しちごちょうしく》で作られており、振り仮名と左訓もつけられ、親しみやすさ、分かりやすさへの配慮がなされているものである。門弟らに声に出して唱和してもらおうと作ったものなのだろう。帰京後、東国の門弟からは、その教えについての質問が多く寄せられた。親鸞は、それに対して丁寧に返事を書いた。親鸞の書簡は、四二通（数え方によっては四三通）伝えられており、そのうち一一通が真筆である。

臨終

『親鸞聖人伝絵』によると、親鸞は京都で何回か引っ越しをしたものの、五条西洞院《ごじょうにしのとういん》の辺りが気に入ってしばらく住んでいたという。ところが、建長七年（一二五五）、自宅が火災に遭ってしまい、弟の天台僧尋有が所有する三条富小路《さんじょうとみのこうじ》の善法房《ぜんほうぼう》に身を寄せなくてはならなくなる。親鸞八三歳の時のことであった。老齢で居を失うのは、さぞかし大きな痛手であったことだろう。そうではあるけれども、晩年の親鸞のそば近くには、覚信尼がいた。覚信尼は初めの夫日野広綱《ひろつな》との間に長男覚恵《かくえ》と長女光玉《こうぎょく》をもうけていた。晩年の親鸞の周囲は、それなりに賑《にぎ》やかだったのだろう。

『親鸞聖人伝絵』には、その入滅についても語られている。それによると、弘長《こうちょう》二年（一二六二）一一月下旬から体調を崩し、尋有の善法房で病床についた。『恵信尼文書』からは、その臨終に益方の道性と覚信尼も立ち会ったことが分かる。一一月二八日、親鸞は、道性と覚信尼、門弟らの見守る中、九〇歳の生涯を閉じたのであった。『親鸞聖人伝絵』には、頭《ず》北面西右《ほくめんさいう》脇《きょう》に臥して往生した様子が描かれている。

第三章　親鸞の信仰

一、他力の教え

法然の教えと親鸞の教え

親鸞は、師法然を絶対的に信頼し、その教えを受けていた。『恵信尼文書』第三通によると、親鸞は、法然について行ったために悪道に堕ちるようなことになったとしてもかまわない、とまで考えていたようである。親鸞の弟子唯円《ゆいえん》著『歎異抄《たんにしょう》』（一二八八年頃成立）の第二条には、親鸞が次のように述べたとある。

> 親鸞ニオキテハ、タダ念仏シテ弥陀ニタスケ《（助）》ラレマヒラスベシト、ヨキヒトノオホセ《（仰）》ヲカブリテ信ズルホカニ、別ノ子細ナキナリ。（中略）弥陀ノ本願マコト《（真）》ニオハシマサバ、釈尊ノ説教虚言ナルベカラズ。仏説マコト《（真）》ニオハシマサバ、善導ノ御釈虚言シタマフベカラズ。善導ノ御釈マコト《（真）》ナラバ、法然ノオホセ《（仰）》ソラゴト《（虚言）》ナランヤ。法然ノオホセ《（仰）》マコト《（真）》ナラバ、親鸞ガマフス《（申）》ムネ《（旨）》、マタモテムナシ《（虚）》カルベカラズサフラフ歟《か》。

親鸞は、「ひたすらに念仏をして阿弥陀仏にお助けいただくがよい」という法然の仰せを信じるほかに格別のいわれはないとした、とされている。また、阿弥陀仏の本願が本当であるのならば、釈迦の説教は虚言ではなく、そうであるのならば善導の『観無量寿経疏《かんむりょうじゅきょうしょ》』が間違っているはずはない。『観無量寿経疏』が正しいのであれば、法然の仰せが間違いであるはずはなく、そうであるのならば親鸞が申すこともまた偽りであるはずはないではないか、と述べたとされている。

『歎異抄』は、常陸国河和田《かわわだ》に住む唯円によって書かれたと考えられる。唯円は、親鸞に直接会って教えを受けた面授の弟子であった。この時代、面授の弟子は、非常に重きを置かれていた。『歎異抄』の序文には、親鸞の滅後、親鸞の教えとは異なる説が横行していることを嘆かわしく思い、かつて親鸞から直々に聴いたうちで「耳ノ底ニ留《とど》ムルトコロ」を記した、とある。『歎異抄』の前半部分には、親鸞から聴いた法語が記録されており、後半部分には東国の門弟たちの誤った説と唯円が親鸞から聴いた教えが記されている。

愚の自覚と他力の信心

『恵信尼文書』や『歎異抄』によると、親鸞は師法然を心から崇敬し、その教えをそのまま受け継いでいると考えていたようである。しかし、法然の著作物と親鸞のそれとを比較してみると、同一とはいいがたい面も見えてくる。たとえば法然は、他力の信心の必要性を著作の中で述べてはいるものの、それを親鸞ほどには強調していない。第一章で述べたように、法然は、念仏が最も重要であるものの、自力の行である作善《さぜん》などをしたければすればよいとする立場をとっていた。法然は他力をさほど強調せず、とにもかくにも念仏を称《とな》えることが大事だとしたのである。それに対して親鸞は、自力の行は阿弥陀仏の誓願を疑っていることになるので、あくまでも他力に徹するべきであるとした。他力の「他」は阿弥陀仏を指す。

親鸞が阿弥陀仏の誓願の中でも本願として重視したのは、『無量寿経』にある四十八願《しじゅうはちがん》の中の第十八番目の誓願である。第十八願は、阿弥陀仏が悟りに至る前、いまだ法蔵菩薩《ほうぞうぼさつ》だったときに立てた誓願であり、その内容は次のようなものである。

私が仏になった時、あらゆる人々がまことの心で信じよろこび、私の国に生まれると思い、たとえば十回念仏をしてももし生まれることができないのならば、私は決して悟りを開くまい。

法蔵菩薩は、悟りに至り阿弥陀仏となった。したがって、阿弥陀仏を信じて極楽浄土へ往生したいと考えて念仏すれば、必ずその願いは叶えられるということになる。

親鸞が、さまざまな仏菩薩への信仰の中でも阿弥陀信仰を選び重んじたのは、末法を強く意識していたからである。親鸞は、『大方等大集経《だいほうどうだいじっきょう》』に「末法の世にはどれほど多くの衆《しゅ》生《じょう》が修行に励んだとしても一人として悟りを得るものはいないだろう」とあるのを根拠に、今は末法の世であるから、ただ浄土の教えだけが悟りに至ることのできる道である、と主張した（『教行信証』「化身土巻」）。序章で述べたように、阿弥陀仏は、この世で悟りに至れない者を極楽浄土へ連れて行き、極楽浄土で悟りを開かせてくれるから、末法の世にふさわしい仏として信仰を集めていたのである。

親鸞は、末法に生きる者は自力で悟りには至れない凡夫であることをまずは深く自覚する必要がある、と考えた。たとえば、建長七年（一二五五）一〇月三日付笠間の念仏者宛書簡（東本願寺所蔵、真筆消息）には、「わが《（我）》み《（身）》のわる《（悪）》ければ、いかでか如来むかへ《（迎）》たまはむとおも《（思）》ふべからず、凡夫はもとより煩悩具足したるゆへ《（故）》に、わる《（悪）》きものとおも《（思）》ふべし。またわが《（我）》こころ《（心）》よければ往生すべし、とおも《（思）》ふべからず、自力の御はからいにては真実の報土へむま《（生）》るべからざるなり」と述べている。煩悩にまみれた悪である自己を凝視する必要性を説き、そのような者を救済してくれる仏が、阿弥陀仏であると示した。ここでは、自力による往生も否定している。

また、親鸞は、極楽往生には信心が不可欠であると考えていた。親鸞がいうところの信心とは、阿弥陀仏によって与えられるものであり、自力で得られるものではない。つまり、自力ではなく他力の信心である。他力の信心は、『教行信証』「信巻《しん》」で「金剛」のように堅固だとされているように、決して揺らぐことはない。

親鸞は、信心を得ることも念仏を称えることも、すべてが阿弥陀仏の計らいによる他力であることが肝要だ、とした。他力の念仏とは、現世利益や往生のために少しでも多く称えようとするものではなく、信心を得たその時に自然と口をついて出てくるものなのであった。

親鸞は、門弟覚信《かくしん》宛の建長八年(一二五六)五月二八日付書簡(専修寺所蔵、真筆消息)では、「信をはなれたる行もなし。行の一念をはなれたる信の一念もなし」としている。また、有阿弥陀仏《うあみだぶつ》宛の年未詳七月一三日付書簡(『末燈鈔《まっとうしょう》』第一一書簡)では、次のように説いている。

信心アリトモ、名号ヲトナヘ(称)ザランハ詮《せん》ナク候。マタ一向名号ヲトナフ(称)トモ、信心アサ(浅)クバ往生シガタク候。

(信心があっても名号を称えないのであれば甲斐《かい》はありません。また、ひたすらに名号を称えても信心が浅いのであれば往生は難しいです)

信と行は密接につながっており、信心とそれに伴う口称念仏の双方が大事であると強調したのであった。

親鸞は、『教行信証』「行巻」で、『観無量寿経』に基づき、念仏を一回称えれば「八十億劫《ごう》」もの生死の重罪を除くことができるとし、念仏には現世利益もあると説いている。ただし、親鸞の立場は、現世利益のために念仏を称えよ、というのではない。そうではなく、念仏を称えれば結果として現世利益ももたらされる、というものであった。

信心の獲得とその後

法然は、阿弥陀仏の本願を頼みにして念仏を申す者のもとには、必ず来迎があるとし、来迎があるから臨終正念《りんじゅうしょうねん》になることができる、としている。一方、親鸞は、往生は臨終の瞬間ではなく、他力の信心を得たその時に確定すると説いた。たとえば、『教行信証』「信巻」では、極楽往生がいつ決定するかについて、『無量寿経』を根拠に、他力の信心を与えられたその時、浄土へ往生したいと願えば、たちどころに往生することが決まり、不退転《ふたいてん》の位《くらい》に至る、としている。不退転の位とは、正定聚《しょうじょうじゅ》の位と同じ意味であり、往生することが決まった立場のことである。建長七年（一二五五）一〇月三日付笠間の念仏者宛書簡（東本願寺所蔵、真筆消息）には、正定聚の位に定まった者は「弥勒仏とひとしき人《(等)》」とある。

信心を得たのちは、阿弥陀仏への恩を知り、報謝《ほうしゃ》の念仏を称えることになる。報謝の念仏とは、救済の手を差しのべてくれた阿弥陀仏への感謝の念仏のことである。親鸞は、『教行信証』「行巻」で、龍樹《りゅうじゅ》が「弥陀仏の本願を憶念《おくねん》すれば、自然《じねん》に即《そく》の時必定《ひつじょう》に入《い》る。唯能常《ただよく》に如来の号を称《みな》して、大悲弘誓《だいひぐぜい》の恩を報《ほう》ずべし」（阿弥陀仏の本願を信じれば、おのずからすぐに正定聚に入る。ただ常に名号を称え、偉大な本願の恩に報じるがよい）と述べたとし、「化身土巻」では信を得た自分のその後について次のように述べている。

ここに久しく、本願海《ほんがんかい》に入り、深く仏の恩を知った。この上ない恩恵に報謝するために、真実の教えの中でも重要な文をひろい集め、常に不可思議で功徳に満ち満ちている名号を称え、ますますこれを喜び、頂戴《ちょうだい》するのである。

「本願海」とは、阿弥陀仏の本願の救いが広大なことを海に譬《たと》えた表現である。このように親鸞は、信心を得たのちの、報謝の念仏についても語っている。

臨終行儀の否定

親鸞は、臨終行儀は自力の行者が行うものであるとした。たとえば、このことについて、常陸国の門弟宛だと考えられる建長三年（一二五一）閏九月二〇日付書簡（『末燈鈔』第一書簡）に次のようにしたためている。

> 来迎ハ諸行往生ニアリ、自力ノ行者ナルガユヘ《故》ニ、臨終トイフコトハ諸行往生ノヒト《人》ニイフベシ、イマダ真実ノ信心ヲヱ《得》サルガユヘ《故》ナリ。マタ十悪・五逆ノ罪人ノハジメ《初》テ善知識ニアフテ、ススメ《勧》ラルルトキ《時》ニイフコトバ《言葉》ナリ。真実信心ノ行人ハ、摂取不捨《せっしゅふしゃ》ノユヘ《故》ニ正定聚ノクラヰ《位》ニ住ス。コノユヘ《故》ニ臨終マツ《待》コトナシ、来迎タノム《頼》コトナシ。信心ノサダ《定》マルトキ《時》往生マタサダ《定》マルナリ。来迎ノ儀式ヲマ《待》タズ。

これによると、親鸞は、来迎は様々な行をすることによって往生しようとする者のためにあると考えていたことになる。臨終時に往生が定まるというのは、自力の行者にあてはまることである。真実の信心を得た行者は、正定聚の位にあるので、臨終時まで待つ必要はないし、来迎を頼りにする必要もない。信心が定まるときに往生もまた定まるので、来迎の儀式を待つ必要はない、としている。

臨終行儀は、自身の努力により往生しようとする行為である。それゆえ、否定したのである。

諸仏菩薩や神祇への不拝

親鸞の思想は、阿弥陀仏以外の仏菩薩や神祇《じんぎ》への態度にも特徴がある。様々な仏菩薩や神に礼拝して現世利益を願うのが一般的だったなか、親鸞の師法然は、『浄土宗略抄』で、阿弥陀仏の本願を深く信じて念仏を称え往生を願う人は、阿弥陀仏をはじめとする諸仏菩薩から守られるのだから、ことさら魔を払うために様々な仏菩薩や神に祈ったり物忌みをしたりする必要はない、と説いた。このような思想は、親鸞にも大きな影響を及ぼすことになる。たとえば、『教行信証』「化身土巻」では、『涅槃経《ねはんぎょう》』を引用して、仏に帰依するのであれば、決して他の天の神々に帰依してはならない、とされている。

ところが、法然や親鸞の諸仏菩薩や神祇への不拝《ふはい》については、神仏を軽んじるものとして、顕密仏教側から手厳しい批判が出された。無住は『沙石集』で、念仏以外の行を謗《そし》り阿弥陀仏以外の仏菩薩や神を軽んじることがあってはならない、と非難している。さらに、興福寺の貞慶《じょうけい》は、『興福寺奏状』で、専修念仏の徒は神を軽んじて帰依しないとして、批判を繰り広げている。

しかし、法然や親鸞の言説には、阿弥陀仏以外の仏菩薩や神を軽んじよ、とは見えない。たとえば親鸞は、東国にいる「念仏ノ人々ノ御中」に宛てた年未詳九月二日付書簡（『親鸞聖人御消息集』第四書簡）では、「ヨロヅノ仏・菩薩ヲカロシメ（軽）マヒラセ、ヨロヅノ神祇・冥《みょう》道《どう》ヲアナヅリ《侮》ステ《捨》タテマツル《奉》トマフス《申》コト、コノ事ユメユメナキコトナリ」（様々な仏菩薩を軽んじ申し上げ、さまざまな神々や冥道を見下げて無視し申し上げることについて、このようなことは、全くありません）と諭している。その上で、様々な仏菩薩の導きによって阿弥陀仏の本願に出会えたのだから、これらを軽く扱うのはその深い恩を知らないからである、と述べている。さらに、天地の神々は仏法を深く信じる人々を擁護するのだから、侮ったり捨てたりしてはならない、と戒めている。

親鸞が阿弥陀仏以外の仏菩薩や神への不拝を説いたことによって、門弟らの中に、曲解してそれらを軽んじる考えを持つものが出てきてしまったのであろう。そのような考え方を親鸞は諫《いさ》めたのである。親鸞は、『浄土和讃』でも、数首にわたって、諸仏菩薩や神々は「南無阿弥陀仏」と念仏を称える者を護る、と詠じている。

法然や親鸞は、阿弥陀仏以外の仏菩薩や神を軽んじたのでは決してない。そうではなく、あくまでも、諸仏菩薩や神は念仏を称える者を擁護してくれるのだから、あえてそれらを拝む必要はない、としたのである。阿弥陀仏以外の仏菩薩や神に礼拝して現世利益や往生を祈願する者が出ることを危惧《きぐ》したのだろう。

法然や親鸞が生きた時代には、現世利益を神仏に祈願することが一般的であった。そのようなかで、阿弥陀仏以外の仏菩薩や神への不拝は、十分な理解を得て正しく実践されにくかったのであろう。それだからこそ、顕密仏教側からは強い反発があり、門弟からは曲解したり混乱したりする者が出たのである。

易行

『教行信証』「行巻」では、龍樹の『十住毘婆沙論《じゅうじゅうびばしゃろん》』をもとに、難行《なんぎょう》と易行《いぎょう》について次のように述べられている。

仏法には計りしれないほどの多くの教えがある。たとえば、世間の道に難しい道と易しい道があり、陸路を徒歩で歩くのは苦しく、水路を船に乗って渡るのは楽しいのと同じようなものである。菩薩の道もまた同じである。仏道修行につとめ励む自力の者もいれば、他力信心の易行によって速やかに正定聚の位に至る者もいる。もし早く正定聚の位に至ろうと思うのであれば、篤く敬う心（他力信心）をもってしっかりと仏の名号を称えるがよい。

親鸞は、他力の信心を得て正定聚の位を目指す道を易行とした。『教行信証』以外の著作にも、易行という語は多く見え、いかに他力による往生が易しいかを強調している。

このように親鸞は、法然の教えを継承しつつも、他力信心の必要性をより強調した。さらに、それまでの一般常識であった臨終行儀による極楽往生を否定したのである。親鸞の教えは、他力の信心を得たその瞬間に、極楽往生が定まるとしている点にも特徴がある。親鸞の教えを聴いた東国の人々は、さぞかし新鮮に感じたことであろう。

名号本尊

親鸞は、教団の形成や寺院の建立を意図してはいなかった。ただひたすらに、自身が信じる教えを布教していたのみである。覚如は、『改邪鈔《がいじゃしょう》』で親鸞の姿勢について次のように述べている。

造像《ぞうぞう》起塔《きとう》等ハ、弥陀ノ本願ニアラザル所行ナリ。コレニヨリテ一向専修《いっこうせんじゅ》ノ行人、コレヲクワダツベキニアラズ、サレバ、祖師聖人御在世ノムカシ、ネンゴロニ一流ヲ面授口決《めんじゅくけつ》シ奉ル御門弟達、堂舎ヲ営作《えいさく》スルヒトナカリキ。タダ道場ヲバスコシ人屋ニ差別アラセテ、小棟《こむね》ヲアゲテツクルベキヨシマデ御諷諫《ふうかん》アリケリ。

覚如は、造像や起塔は阿弥陀仏の本願ではない行なので、念仏を専修する者はこのようなことをしようとしてはいけないと親鸞が述べた、としている。それだから、親鸞の在世中には、その教えを受けた門弟たちは、堂舎を作らなかったのだとされている。親鸞は一般の民家と区別をつけて少し棟を上げた道場を作るように遠回しに諭した、とされている。

親鸞は、阿弥陀仏像を本尊とはせず、阿弥陀仏への信心や帰依を誓う名号「南無阿弥陀仏」（六字《ろくじ》名号《みょうごう》）などを道場の本尊とした。造像や起塔の否定も、その教えを聴いた人々にとっては新鮮だったことであろう。

二、自力への執着

親鸞の病気

では、親鸞にとって、他力の信心を得ることは容易だったのであろうか。妻恵信尼が末娘覚信尼に宛てた手紙『恵信尼文書』第五通には、親鸞の苦労が綴《つづ》られている。第五通は、親鸞の訃報を伝えた覚信尼からの書簡への返書であり、弘長三年（一二六三）二月一〇日付となっている。恵信尼は、この書簡の中で、寛喜三年（一二三一）に親鸞が風邪をこじらせ重篤になった時の思い出を語っている。

ぜんしん《善信》の御房、くわんぎ《寛喜》三年四月十四日むま《午》の時ばかりより、かざ《風》心ちすこしおぼえて、そのゆふ《夕》さりよりふし《臥》て大事におはしますに、こし《腰》ひざ《膝》をもうた《打》せず、てんせい《天性》かんびやう《看病》人をもよせ《寄》ず。ただおと《音》もせずしてふし《臥》ておはしませば、御身をさぐれば、あたたかなる事火のごとし、かしら《頭》のうたせ給事もなのめならず。さてふし《臥》て四日と申あか月、くるし《苦》きに、まはさてあらんとおほせ《仰》らるれば、なにごと《何事》ぞ、たわごととかや申事かと申せば、たわごとにてもなし、ふし《臥》て二日と申日より、大きやう《経》をよむ事ひまもなし、たまたまめ《目》をふさげば、きやう《経》のもんじ《文字》の一字ものこら《残》ず、きららかにつぶさにみ《見》ゆる也。さてこれこそ心へぬ事なれ、念仏の信じん《心》よりほかには、なにごと《何事》か心にかかるべきと思て、よくよくあん《案》じてみれば、この十七八ねん《年》がそのかみ、げにげにしく三ぶ《部》きやう《経》をせんぶ《千部》よみて、すざうりやく《衆生利益》のためにとて、よ《読》みはじ《始》めてありしを、これはなにごと《何事》ぞ、じしんけう人しん《自信教人信》なんちうてんきやうなん《難中転更難》とて、身づから信じ人をおし《教》へて信ぜしむる事、まことの仏おん《恩》をむく《報》ゐたてまつ《奉》るものと信じながら、みやうがう《名号》のほかには、なにごと《何事》のふそく《不足》にて、かなら《必》ずきやう《経》をよまんとするや、と思かへしてよまざりしことの、さればなほもすこ《少》しのこ《残》るところのありけるや、人のしうしん《執心》じりき《自力》のしん《心》は、よくよくしりよ《思慮》あるべしとおも《思》ひなしてのち《後》は、きやう《経》よむことはとど《止》まりぬ。さてふし《臥》て四日と申あか月、まはさてあらんとは申也とおほせ《仰》られて、やがてあせ（汗）たり（垂）てよくならせ給て候し也。

冒頭の「ぜんしん（善信）の御房」とは親鸞の房号である。よく知られている「親鸞」は、諱《いみな》、つまり実名である。諱は、忌み名の意であり、特に同輩や目下の者は、相手の諱を呼ぶことは失礼にあたるので、仮名《けみょう》である房号を呼ぶ習わしとなっていた。やたらに諱を呼んではいけない理由は、本名である諱を呼ぶことによって、相手を支配することができると考えられていたからである。東アジアの漢字文化圏では、広くこのような認識があった。

恵信尼によると、親鸞は、風邪を悪化させて重篤な状態に陥り、かなりの高熱だったものの、腰や膝をさすらせることもせず、看病人をも寄せ付けなかった。そのまま臥して四日目になって、苦しい中で「ああ、そうだったのか」と親鸞がいったので、恵信尼が「どうしたのですか」と尋ねたところ、親鸞は「臥して二日目から『無量寿経』（大きやう（経））をずっと読誦《どくじゅ》していました。たまたま目を閉じると、経典の文字が一字も残らずキラキラとはっきり見えるのです。さて、これこそ不思議なことです。念仏の信心以外に何が心にかかるのだろうと思い、よくよく考えてみますと、今から一七、八年前に、もっともらしく三部経（『無量寿経』『観無量寿経』『阿弥陀経』）を千回読誦して、衆生利益《しゅじょうりやく》のためにと始めたことがありました。その時は、一体何事だろうか、『往生礼讃《おうじょうらいさん》』という書に「自信教人信《じしんきょうにんしん》　難中転《なんちゅうてん》更難《きょうなん》」（自分が信じ人を教えて信じさせることは、難しい中でも難しい）とあるように、自分が信じ人を教えて信じさせることが、本当に仏の恩に報いることになると信じながら、南無阿弥陀仏の名号のほかに何の不足があってわざわざ経典を読誦しようとしたのか、と反省してやめたのでした。けれども、まだそのような気持ちが残っていたのでしょうか。人間の執着の心、自力の心は、よくよく気をつけなくてはならないと思いめぐらしてからは、経典を読むのはやめました。そして今回、臥して四日目に『ああ、そうだったのか』といったのです」と述べたとある。

親鸞は、当初、病気治療の一切を拒否していた。しかし、高熱によって朦朧となったためであろうか。臥しながら経典読誦をしてしまったのである。親鸞は、恵信尼に、一七、八年前の出来事として、衆生利益のために経典読誦をしてしまった失敗談を語っている。かつての失敗があったにもかかわらず、今回、病床ではからずも経典読誦をしてしまい、執着の心・自力の心には気をつけなくてはならないと、改めて反省したのである。とすると、病床の経典読誦は、従来の阿弥陀信仰でなされていた現世利益のための自力行為だったことになる。親鸞は病床に臥していたのだから、その目的は、病気治療だった可能性があるだろう。

経典読誦による病気治療

病気治療のために経典読誦をするのは、当時としてはごく一般的であった。とりわけ、病気の原因がモノノケだと判断された場合には、盛んに経典読誦が行われた。経典読誦によって具体的にどのような効果があると考えられたかについては、『宇治拾遺物語《うじしゅうい》』一九一「極《ごく》楽寺僧《らくじのそう》、仁王経《にんのうきょう》の験《げん》を施す事」の内容を見てみたい。

今は昔、堀川《ほりかわ》太政大臣（藤原基経《ふじわらのもとつね》）が病になり、名だたる僧侶によって様々な祈禱がなされた。しかし、一向によくならない。極楽寺は基経が建てた寺だったにもかかわらず、祈禱の依頼を受けなかった。しかし極楽寺の僧が自ら出向き『仁王経《にんのうきょう》』を一心に読誦したところ、基経が突然にこの僧を呼び寄せ、自身が見た夢について語ったのである。それによると、夢に恐ろしげな鬼どもが現れて基経を打った。その時に、みずらを結った童子が入ってきて杖で追い払ったので、鬼どもはみな逃げ散ってしまった。基経が「どこの童だ」と尋ねたところ、童子は「極楽寺のなにがしが、殿がこのように患っていらっしゃるのを大変に嘆き申し上げ、日ごろから読誦している『仁王経』を今朝から一心に読誦してお祈り申しております。その聖《ひじり》の護法《ごほう》が、このように病気をもたらしている悪鬼を追い払ったのでございます」と申したのを見て、夢から覚め、すっかり気分が良くなったのだという。

モノノケや鬼の類は、人間に近寄ることによって病気をもたらすと考えられていた。ここでは、基経に近寄りその体を打つことによって病気を重くしていたのである。護法とは、仏法守護の役割を担い、験力《げんりき》のある僧侶に給仕をし使役される、と考えられていた信仰上のものである。ここでは童子の姿をして現れている。この護法童子は、『仁王経』を読誦した僧侶に仕えていたものである。要するにこの僧侶は、『仁王経』の経力を差し向けて護法童子に悪鬼を追い払わせたのである。

さて、親鸞による『無量寿経』読誦は、自ら告白したように、自力によって利益をもたらそうとしたものである。つまり親鸞が病床にあったことからすると、『無量寿経』の経力により護法を使役し、病をなしたモノノケの類を追い払おうとした可能性があるのではないだろうか。

親鸞は、「人のしうしん《（執心）》じりき《（自力）》のしん《（心）》」にはよくよく気をつけなくてはならない、としている。したがって、衆生利益のための浄土三部経読誦や病床での『無量寿経』読誦について、以前より習慣として身についていた自力への執着によるものだと考えていたことになる。

しばしば親鸞は、近現代的な進歩した考えを持つ珍しい中世人であり、呪術を完全否定した、とされてきた。しかしそうではない。親鸞は、呪術の効果そのものを否定したのではなく、あくまでもそれによる極楽往生を否定したのである。親鸞の著作物には、自力によって現世利益はもたらされないとは書かれておらず、『恵信尼文書』にも親鸞がそのようなことを述べたとは書かれていない。そうではなく、すべてを阿弥陀仏に委ねなくてはいけなかったにもかかわらず、従来の阿弥陀信仰に執着してしまったことが問題だったのである。

親鸞は、下級貴族の出身であり、九歳から二九歳まで、天台宗の総本山比叡山延暦寺で過ごした。貴族社会や天台宗では、モノノケの類によって引き起こされた病気に対しては、経典読誦などにより護法を招き寄せて平癒させるのが、いわば常識であった。長年過ごしてきた貴族社会や天台宗寺院での習慣を完全に捨て去ることは、難しかったのではないだろうか。他力の重要性を信じ、それを門弟たちに説きながらも、自分自身も他力に徹することは難しかったのである。

病床で経典読誦をしたのは、五九歳の時のことである。還暦を過ぎた頃に京都へ帰っているので、少なくとも帰京直前まで、絶対他力の境地に至ってはいなかったことになる。なぜならば親鸞は、他力の信心とは、決して揺るがない信心であるとしていたからである。東国の門弟は、いまだ堅固な他力の信心を得てはいなかった親鸞に、他力の教えを説かれていたことになるであろう。

難中之難

前述したように、親鸞は、自力による往生を難行、他力による往生を易行と位置づけ、他力に徹する必要があると説いていた。けれども、その晩年の著作には、他力信心を得ることがいかに難しいかを嘆息するものもみられる。たとえば、七六歳の述作『浄土和讃』には次のようにある。

一代諸教ノ信ヨリモ
弘願《ぐがん》ノ信楽《しんぎょう》ナホカタシ
難中之難《なんちゅうしなん》トトキタマヒ
無過此難《むかしなん》トノベタマフ

釈迦が一代で説いた教えよりも、『無量寿経』にある他力の教えを疑いなく信じて喜ぶことのほうが難しい。『無量寿経』には、それは難中の難、これ以上の難はないと説かれている、と詠じられている。

さらに、八五歳の述作『正像末法和讃《しょうぞうまっぽうわさん》』には次のようにある。

不思議ノ仏智《ぶっち》ヲ信ズルヲ
報土《ほうど》ノ因《いん》トシタマヘリ
信心ノ正因《しょういん》ウルコトハ
カタキガナカニナホカタシ

不可思議な仏智《ぶっち》（仏の智慧《ちえ》）を信じることを、真の極楽浄土に往生する正しい因《いん》とされた。信心という正しい因を得ることは難しい中でも難しい、と詠じられている。

和讃とは、和語を用いて仏菩薩や祖師高僧を讃嘆《さんたん》する歌である。親鸞は、七五調四句の形式で、分かりやすくその教えを歌にした。仏教の教えや学問に通じない者でも、これを口ずさみ理解できるよう、晩年に作ったのである。

さて、これらの和讃によると、他力の信心を得て極楽往生することは易行どころか、大変難行であることになる。晩年の親鸞は、阿弥陀仏の本願力を少しも疑わずに信じることがいかに難しいかを実感したのである。実感した理由は、信心が重要であることを頭で理解はしていても、つい衆生利益のために経典読誦をしてしまうなどの経験があり、親鸞でさえもそれを得るのは難しかったことによるのだろう。親鸞にさえ難しかったのであれば、その教えを聴いた門弟たちにとってはさらに難しかったことになる。

三、教えの中の矛盾

門弟からの異義

親鸞の帰京後、東国の門弟からは異義《いぎ》が噴出した。唯円は、『歎異抄』第一八条で、とりわけ心が痛むこととして次のようにしたためている。

念仏マフス（申）ニツイテ、信心ノオモムキヲモタガヒ（互）ニ問答シ、ヒト（人）ニモイヒ（言）キ（聞）カスルトキ（時）、ヒト（人）ノクチ（口）ヲフサギ（塞）、相論ヲタタン（断）ガタメニ、マタク（全）オホセ（仰）ニテナキコトヲモオホセ（仰）トノミマフス（申）コト、アサマシクナゲキ存ジサフラウ（候）ナリ。

唯円は、念仏をすることについて、互いに信心のあり方を論じあい、他の人に説き聞かせる時、相手にものをいわせないで論争を断つために、親鸞の言ではないことも親鸞がいったのだといい張る者がおり、本当に情けなく嘆かわしい、としている。『歎異抄』のこの記述からは、親鸞帰京後に東国の門弟たちがその教えの理解について混乱していた様子が手に取るように分かる。

門弟たちは、親鸞が帰京したために疑問をすみやかに解決することができなくなってしまった。それによって、疑問の解決のため、京都の親鸞の元をはるばる訪れたり、書簡を送ったりしていた。

門弟たちからは、他力と自力の解釈についての疑問、来迎についての疑問、真の極楽浄土と仮の極楽浄土についての疑問をはじめとして多くの疑問が寄せられた。『歎異抄』には、学問をしてはいけないとする異義や、一度の念仏で多くの罪が消えると信じなくてはいけないとする異義、阿弥陀仏は悪人でも救済してくれるのだからどのような悪事を犯してもよいと考えてほしいままに悪事を行ってよいとする異義などがあった、と見える。

特に、他力と自力に関しては、東国の門弟から多くの疑問が噴出した。たとえば、建長七年（一二五五）一〇月三日付笠間の念仏者宛書簡（東本願寺所蔵、真筆消息）には、「かさまの念仏者のうたが（疑）ひとわ（問）れたる事」と表題がつけられ、次のようにある。

それ浄土真宗のこころは、往生の根機《こんき》に他力あり、自力あり。このことすでに天竺《てんじく》の論《ろん》家《げ》・浄土の祖師のおほせ（仰）られたることなり。まづ自力と申ことは、行者のおのおのの縁にしたがひて、余の仏号を称念し余の善根を修行して、わが（我）み（身）をたのみ、わが（我）はからひのこころをもて、身口意のみだれ《（乱）》ごころをつくろい、めでたうしなして浄土へ往生せむとおもふを自力と申なり。また他力と申ことは、弥陀如来の御ちかひ《（誓）》の中に、選択摂取したまへる第十八の念仏往生の本願を信楽《しんぎょう》するを他力と申なり。

史料中の「根機」とは持って生まれた能力や資質のことである。浄土の真の教えでは、往生を願う人間の能力や資質（根機）によって他力の者と自力の者がいる、としている。まず、自力というのは、阿弥陀仏以外の仏の名を称え、心に念じ、念仏以外の善行をし、自身をたのみとし、自分でいろいろと考え身と口と心でなす行為の乱れを取り繕い、立派に振る舞い往生しようと思うことである。それに対して他力とは、阿弥陀仏の四十八願《しじゅうはちがん》の中でも第十八願の念仏往生の本願を深く信じて疑いを一切持たないことをいう、とある。

この書簡からは、東国の門弟の間で、他力と自力について疑問が生じていたことを読み解ける。なぜこのようなことになったのだろうか。

これまでの浄土真宗史研究では、異義の発生はひとえに門弟の理解不足・能力不足によるものだとする前提のもとに論じられてきた。しかし、このような見方は、はたして正しいのだろうか。なぜならば、門弟の多くが住んでいた常陸国や下野国は、古代以来、文化が大いに栄えた地であり、文化程度が低かったとはいえないからである。

たとえば、常陸国の鹿島神宮は京都の藤原氏や鎌倉幕府から崇敬されていた。さらに、下野国の南部から中部と、親鸞が住んだ稲田周辺を領地としていた豪族宇都宮頼綱は、藤原定家とも交流のあった歌人であり、宇都宮歌壇の礎を築いている。

誤解を与えかねない言説

実は、親鸞の著作物には、しばしば従来の阿弥陀信仰で行われてきた念仏を推奨するかのように読めてしまうものがある。たとえば、『浄土和讃』にある次の和讃を見てもらいたい。

山家《さんげ》ノ伝教大師《でんぎょうだいし》ハ
国土人民《にんみん》ヲアワレミテ
七難消滅《しちなんしょうめつ》ノ誦文《じゅもん》ニハ
南無阿弥陀仏トトナエシム

「山家ノ伝教大師」とは、天台宗開祖の最澄である。親鸞は、最澄が自然災害に苦しむ人々を憐《あわ》れんで、七難消滅の法として念仏を称えるのがよいと勧めた、と称賛している。ここでいう念仏は、現世利益のためのものである。

さらに、『浄土和讃』と同年に作られた『浄《じょう》土《ど》高《こう》僧《そう》和讃』の龍樹を讃嘆する和讃の中には、次の歌がある。

恩愛《おんあい》ハナハダタ(断)チガタク
生死《しょうじ》ハナハダツ(尽)キガタシ
念仏三昧行ジテゾ
罪障ヲ滅シ度脱《どだつ》セシ

親族への恩愛は断ちがたく、生死を繰り返す迷いの世界から逃れられなかった龍樹。しかし、念仏によって罪障がなくなり、迷いの世界から抜け出せた、と親鸞は称賛している。この歌を読んだ人々の中には、ひたすらに念仏を称えることによって六道輪廻《りんね》から脱することができると解釈した者もいたのではないだろうか。誤解を与えかねない和讃である。

このような和讃は、『浄土高僧和讃』の源信に関する和讃の中にもある。

極悪深重《じんじゅう》ノ衆生ハ
他ノ方便サラニナシ

ヒトヘニ弥陀ヲ称シテゾ
浄土ニムマル《(生)》トノベ《(述)》タマフ

きわめて罪悪の重い衆生は、称名念仏以外の行や阿弥陀仏以外の仏菩薩によって救われることは絶対にない。ひたすらに南無阿弥陀仏と称えてはじめて極楽浄土に往生できるのだと詠じている。

自身の努力による極楽往生を肯定している、と解釈されかねない和讃となっている。ただし、「ヒトヘニ弥陀ヲ称」えることができるのは、他力のはたらきがあってこそである。さらにいえば、他力のはたらきを得るには、自力の努力も必要となる。他力と自力は、隔絶してはおらず、連関したものなのである（末木文美士『親鸞─主上臣下、法に背く─』）。それだからこそ、親鸞はこのように詠じたのだろう。そうではあるものの、他力と自力の連関についての理解が不十分な門弟には、やはり誤解を与えかねない和讃である。

来迎と奇瑞

門弟に誤解を与えかねない危険性を孕《はら》む言説は、他にもある。たとえば親鸞は、他力の信心を得たその時に正定聚の位にあるので、臨終時の来迎を待つ必要はないとしていた。

それにもかかわらず親鸞は『浄土高僧和讃』で曇鸞《どんらん》の臨終について次のように詠じている。

六十有七トキイタリ
浄土ノ往生トゲタマフ
ソノトキ霊瑞《れいずい》不思議ニテ
一切道俗帰敬《ききょう》シキ

六七歳で往生した曇鸞の臨終時の奇瑞《きずい》は不可思議であり、あらゆる人々が帰依した、とされている。つまり親鸞は、中国浄土五祖の第一であり自身の名の由来ともなった曇鸞の臨終時の奇瑞を称賛しているのである。

法然の臨終時についても、『教行信証』「化身土巻」では奇瑞が数え切れないほどあったとしており、さらに『浄土高僧和讃』でも次のように詠んでいる。

本師《ほんじ》源空ノオワリニハ
光明《こうみょう》紫雲《しうん》ノゴトクナリ
音楽哀婉《あいえん》雅亮《がりょう》ニテ

異香《いこう》ミギリ（砌）ニ暎芳《えいほう》ス

師法然の臨終時には紫雲が覆うように光明があり、音楽が聞こえ不可思議な香りが漂った、とたたえている。このように親鸞は法然の臨終にも来迎の奇瑞があったとしているのである。

前述したように、親鸞は門弟宛の書簡で「来迎は諸行往生ニアリ」と述べていた。その一方で、曇鸞や法然の臨終時に来迎の奇瑞があったことを詠じてしまったのでは、さぞかし門弟たちは混乱したことだろう。奇端を詠んだ来迎を称賛する和讃を目にした門弟たちが、「やはり来迎がなくては極楽往生できないのではないか。奇瑞の有無は極楽往生したかどうかを見極めるためには重要だ。そのためには臨終正念をしなくてはいけない」と思ったとしても、決して非難はできない。

それに、第一章で述べたように、親鸞は、割腹自殺をして往生したとされる津戸三郎為守の死にざまに強い興味を持ち、親鸞編『西方指南抄』にも「メデタク往生ヲトゲ（遂）タリケリ」と見える。為守は、臨終正念により極楽往生を遂げられると考え、自害したのである。『西方指南抄』を読んだ門弟は、親鸞が自害往生を肯定する考えを持っていたと解釈してしまうのではないだろうか。門弟たちが親鸞の教えについて混乱した原因は、親鸞の側にもあったのではないだろうか。

真の浄土と仮の浄土

親鸞の側の原因をさらに探っていきたい。実は、親鸞の教えには、しばしば論理的な揺れが見られる。たとえば、親鸞は、他力の行者は真の極楽浄土へ往生し、自力の行者は仮の極楽浄土へ往生するとした。仮の極楽浄土については、建長七年（一二五五）一〇月三日付笠間の念仏者宛書簡（東本願寺所蔵、真筆消息）に、次のようにある。

仏恩のふかき《（深）》ことは、懈慢《けまん》・辺地《へんじ》に往生し、疑城《ぎじょう》・胎宮《たいぐ》に往生するだにも、弥陀の御ちかひ《（誓）》のなかに、第十九・第廿の願の御あはれみ《（憐）》にてこそ、不可思議のたのしみにあふことにて候へ。

阿弥陀仏の恩は深いので、懈慢辺地、疑城胎宮と呼ばれる仮の浄土に往生することさえも、四十八願の中の第十九願と第二十願に誓われている。それがあるからこそ、自力の行者でも思いはかることもできないような楽しみにあえるのだ、としている。

第十九願とは『無量寿経』にある来迎引摂《らいごういんじょう》の願《がん》を指し、様々な善根《ぜんこん》を積んだ者には命終《みょうじゅう》の時に阿弥陀仏が来迎するという誓願である。また、第二十願は、果遂《かすい》の願であり、極楽往生を願った者は必ず本懐を果たし遂げることができるとする誓願である。親鸞は、第十八願を本願と見なし、それ以外の誓願を方便の願とし、自身も第十九願から第二十願へ、第二十願から第十八願へ導かれたと『教行信証』「化身土巻」で述べている。親鸞は、この三願の連携によって阿弥陀仏の衆生救済が完全なものになると確信し、真と仮の極楽浄土について説くことによって、阿弥陀仏の限りない慈悲と、他力の必要性の両方を明示しようとしたのである。

阿弥陀仏の慈悲を強調する場合

しかし、阿弥陀仏の限りない慈悲と他力の必要性の双方を強調したことによって、結果として矛盾することを説いてしまったのではないだろうか。どのように矛盾するのかを、以下に見ていきたい。

まず、『浄土和讃』には、阿弥陀仏の慈悲の深さを強調した次の和讃が収められている。

定散《じょうさん》自力ノ称名ハ
果遂《かすい》ノチカヒニ帰シテコソ
オシエザレトモ自然《じねん》ニ

真如ノ門ニ転入スル

自力の行者でも、果遂の誓願によって誰かに教えられなくても、自然と第十八願の他力の念仏に移り入ることになる、と詠まれている。

さらに親鸞は、『正像末法和讃』では次のように詠じている。

信心ノ人ニオトラジト
疑心自力ノ行者モ
如来大悲《だいひ》ノ恩ヲシリ
称名念仏ハゲムベシ

自力の行者も他力信心を得た人に劣らないようにと、阿弥陀仏は方便の願まで設けたのだから、その大いなる慈悲の恩を思い知って、称名念仏に励むがよい、とされている。

前述したように、他力の信心を得るのは難しいことである。「果遂の願があるのだから、とりあえず容易にできる自力念仏をしておいてまずは仮の浄土に往生しておき、その後に阿弥陀仏のはたらきかけによって自然と他力の信心を得て真の浄土への往生を遂げればよいのではないだろうか。そうであるのならば、はたして他力に執着する必要などあるのだろうか」。そのような疑問を持つ門弟が出たとしても不思議ではないだろう。しかし、『歎異抄』などには、とりあえず仮の浄土に往生すればよいとは一切書かれていない。

他力の必要性を強調する場合

実は、親鸞は阿弥陀仏の慈悲を強調する時には自力の行者でも結局は真の極楽浄土へ導かれることができると説いたものの、他力の必要性を強調する場合には仮の浄土に往生してしまうとごく稀《まれ》にしか真の極楽浄土への往生は叶わない、と説いていたのである。

たとえば『唯信鈔文意《ゆいしんしょうもんい》』には次の一文がある。『唯信鈔文意』とは、法然の教えを受けた聖覚の著『唯信鈔』で引用されている経釈文に、親鸞が注釈を加えたものである。親鸞は、門弟の他力理解の助けとなるよう、『唯信鈔』をたびたび書写して門弟に与え、さらには『唯信鈔文意』を著して門弟の理解が進むように努めたのであった。

　モシ胎生辺地ニムマ(生)レテモ、五百歳ヲヘ、アルイハ億千万衆ノ中ニ、トキニマ(稀)レニ一人、真ノ浄土ニハススムトミエタリ。

もし胎生辺地と呼ばれる仮の浄土に往生したとしても、五百年間もそこにとどまらなくてはならない。また、仮の浄土に往生した場合には、億千万人の中にごく稀に一人、真の浄土に往生することができる、としている。

これと似通ったことは、『正像末法和讃』でも詠じられている。

仏智ノ不思議ヲウタガヒテ
善本徳本《ぜんぽんとくほん》タノム人
辺地懈慢ニムマルレバ
大慈大悲ハエザリケリ
（仏智の不思議を疑って、念仏を善根功徳と見なして自力で称えて往生しようとする人は、仮の浄土である辺地懈慢に生まれるので、阿弥陀仏の大慈悲心を廻向《えこう》されることはない）

辺地七宝《しっぽう》ノ宮殿ニ
五百歳マデイデズシテ
ミズカラ過咎《かく》ヲナサシメテ
モロモロノ厄《やく》ヲウクルナリ

（七宝で飾られた宮殿のような仮の浄土に五百年もの間閉じ込められたままで、自らまいた疑惑の咎《とが》や罪によって様々な厄を受けるのである）

このように、仮の浄土に往生した場合、阿弥陀仏から慈悲心を廻向されないことや、様々な厄を受けることなど、受けなくてはならない苦しみが強調されている。しかし、これらは、先の『浄土和讃』所収の和讃とは大きく異なるといわざるをえない。先ほどの和讃では、仮の浄土に往生した者でも、果遂の誓願によって自然と真の極楽浄土に導かれると詠じられていたはずである。要するに、親鸞が説いた仮の極楽浄土は、阿弥陀仏の慈悲の深さを強調する場合と、他力の必要性を強調する場合とで、異なっているのである。

門弟の混乱

親鸞の著作を読み理解を深めようと努めた門弟たちは、読めば読むほど混乱したのではないだろうか。仮の浄土についての門弟たちの混乱の様は、『歎異抄』第一七条に次のように見える。

辺地往生ヲトグル（遂）ヒト（人）、ツキニハ地獄ニオツ（堕）ベシトイフコト。コノ条、ナニ（何）ノ証文ニミ（見）

ヘサフラフ《（候）》ゾヤ。学生《がくしょう》タツルヒト《（人）》ノナカ《（中）》ニ、イヒ《（言）》イダ《（出）》サルルコトニテサフラ《（候）》ウナルコソ、アサマシクサフラヘ。経論正教ヲバイカヤウニミ《（見）》ナサレテサフラ《（候）》ウラン。信心カケ《（欠）》タル行者ハ、本願ヲウタガ《（疑）》フニヨリテ、辺地ニ生ジテウタガ《（疑）》ヒノツミ《（罪）》ヲツグノ《（償）》ヒテノチ《（後）》、報土ノサトリヲヒラクトコソ、ウケタマ《（承）》ハリサフラ《（候）》ヘ。

『歎異抄』の著者唯円は、仮の浄土に往生を遂げた者は結局地獄に堕ちるとする説を称える門弟がいることについて、どこにその証拠となる文があるのかと批判し、学者ぶった人の中からいい出されたというが、呆《あき》れた話だ、としている。唯円は、信心が欠けた行者は、本願を疑ったことによって仮の浄土へ往生して疑いの罪を償ってのちに真の極楽浄土で悟りを開くと親鸞から聞いている、と述べている。

唯円はこのような異義を非難している。しかし、親鸞の著作を読む限りでは仮の浄土については論理的な揺れが見られるので、むしろ異義の発生は当然の結果だといえよう。門弟が仮の浄土と地獄を結びつけて認識した理由は、親鸞が仮の浄土をしばしば「牢獄」や「獄」と表現したことに起因すると考えられる（『正像末法和讃』）。とどのつまり、異義の種は、親鸞自身が蒔《ま》いたものだったのである。異義発生の責任を門弟の側のみに押し付けるのは、適当ではない。

これまで浄土真宗の開祖として親鸞を理想化しすぎたために門弟の側のみに責任を押し付ける見解が生じ、それをもとに親鸞や門弟、ひいては浄土真宗史が論じられてきてしまった。親鸞を歴史の中に位置づけた上で改めて見てみると、その教えは決して理解しやすいものではなく、むしろ誤解を生じさせる可能性を孕むものだったといえよう。

ただし、親鸞の言説に多少の論理的な揺れがあるからといって、それを批判しようとする意図は毛頭ない。「まえがき」で述べたように、本書は、親鸞を理想化して捉える傾向にあった従来の親鸞研究とは一線を画す立場に立っている。親鸞その人を信仰対象とする場合には、理想化して論じることに大きな意味がある。しかし、そうではない場合、つまり学問として親鸞を論じる場合には、理想化して論じてしまっては真の姿を見失うことになるのである。

親鸞は、卓越した思想を打ち出した。それは間違いない。しかし、親鸞も一人の人間なのである。多少の論理的な揺れがあったとしてもまったく不思議ではない。また、生涯にわたって言説に揺れがまったくない宗教者などいるのであろうか。親鸞のみに言説の揺れがあるのではないはずである。どのような宗教者であっても、自身も苦悩し、揺れ動きながら、真理に迫ろうと努めるものである。

親鸞の場合には、天台宗の世界で二〇年間を過ごし習慣的に身についた事柄が、下山後にもしばしば顔を出すことになる。理想と現実のずれが、自力への執着や論理的な揺れとしてしばしば表出したのであろう。

第四章　家族それぞれの信仰――恵信尼・善鸞・覚信尼

一、妻恵信尼—往生への不安—

夫親鸞との関係

恵信尼《えしんに》（一一八二—一二六八頃）は、京都の中級貴族三善為則《みよしためのり》の娘である。親鸞とは京都で結婚した。恵信尼は、越後流罪に同行し、その後常陸国に住み、苦労をともにした妻である。第二章で述べたように、親鸞とともに常陸をあとにして帰京したと考えられるものの、いつの頃からか越後国に子どもである小黒《おぐろ》の女房《にょうぼう》、栗沢《くりさわ》の信蓮房明信《しんれんぼうみょうしん》、益方《ますかた》の道性《どうしょう》（有房《ありふさ》）、高野《たかの》の禅尼《ぜんに》と移り住むことになった。「小黒」「栗沢」「益方」「高野」は、いずれも現在の新潟県上越《じょうえつ》市板倉《いたくら》区周辺の地名なので、恵信尼とその子どもたちは、この辺りに住んでいたことになるだろう。恵信尼は、実家から譲り受けた土地を越後に持っており、それを子どもたちに譲渡したのではないだろうか。

親鸞と恵信尼は、憎しみあったために別居したのではない。遠く離れて暮らすようになったのちも、恵信尼は親鸞を慕い続けていた。たとえば『恵信尼文書』第三通では、常陸国下妻《しもつま》にいた時、堂の落慶供養と思われる夢を見、鳥居のようなものの横木に二体の仏の絵像が懸けられていたとされている。恵信尼は、法然が勢至菩薩、親鸞が観音菩薩の化身であるとする夢であったと告白している。

夢から覚めた恵信尼は、このような夢は人に喋《しゃべ》ってはいけないとよく聞くし、自分が話したところで誰も信じないだろうと思い、親鸞に法然についての夢のみを話した。すると親鸞は、「夢にはいろいろありますが、それは正夢《まさゆめ》でしょう。あちらこちらで法然上人が勢至菩薩の化身だという夢を見た人が数多くいるといいますから」と答えたということである。

夢は、むやみやたらに他人に喋ってはいけないものであった。なぜならば、夢の内容を話

恵信尼絵像（龍谷大学図書館所蔵）

下妻市坂井にある千勝神社。恵信尼の夢の舞台はこの神社ではないかとする説もあるが、不明

すと、事が悪い方向に運ぶ場合があり、縁起が悪いと考えられたからである。

たとえば、平安時代後期の歴史物語『大鏡《おおかがみ》』「右大臣師輔《もろすけ》」には、藤原師輔が、朱雀門《すざくもん》の前で左右の足を大きく広げ、大内裏《だいだいり》を挟む東西の大路に股《また》を掛けて踏ん張り内裏を抱きかかえる夢を見た話がある。師輔が夢の内容を近侍する女房に喋ったところ、女房が「いかに御股痛くおはしましつらむ」（どんなにかお股が痛くていらっしゃったことでしょうね）と、どうにも下品で気の利かない受け答えをしたために、政権の掌握を暗示する吉夢《きちむ》がはずれてしまい、結局摂政・関白になれなかった、とされている。女房の下手な夢解《ゆめと》きのせいで、せっかくの吉夢が台無しになったのであった。これについて『大鏡』では、「『いみじき吉相《きっそう》の夢もあしざま（悪様）にあはせ（合）つれば違《たが》ふ』と昔より申し伝へてはべることなり」（「大層縁起の良い夢でも、悪く夢解きをしてしまうと外れてしまう」と昔から申し伝えていることでございます）という見解が示されている。

安易に喋ってはいけないのは吉夢ばかりではない。悪夢も同様であった。鎌倉時代初期の『たまきはる』の作者健御前《たけるのごぜん》は、養育していた春華門院《しゅんかもんいん》（後鳥羽天皇第一皇女）について縁起の悪い夢を見たが、「夢は人に語れば忌《い》む」と思ったために他言しなかった、としている。事態が悪い方向に展開することを恐れたのである。

恵信尼も、すでに亡くなっていた法然はともかくとして、親鸞についてはその運勢が悪い方向に導かれるのを危惧したために、その夢を他言しなかったのであろう。当事者である親鸞が亡くなったので、ようやく夢の一件を覚信尼に打ち明けられたのである。

恵信尼は、親鸞について「心ばかりはそののち《(後)》うちまかせては思まいらせず候しなり」(心の中では、その後、普通一般の人だとは思わなくなりました)と述べ、観音菩薩の化身として尊崇してきた、と告げている。恵信尼が越後に四人の子どもたちとともに引っ越した理由は定かではないものの、親鸞の生活が決して豊かではなかったことからすると、経済的な困窮を理由に、所領がある越後へと下ったのかもしれない。

五重の石塔の建立

では、恵信尼は、どのような信仰を持っていたのだろうか。前章で述べたように、親鸞の教えは難解であり門弟から多くの異義が出された。さらに、他力の信心を得るのは親鸞自身にとってさえ難しかったのである。恵信尼は、はたして親鸞の教えを十分に理解し(あるいは理解しようとし)、他力の信仰を持っていたのだろうか。

恵信尼は、浄土真宗寺院の坊守《ぼうもり》(住職の配偶者)の手本とされるからか、どうも理想化して語られがちである。つまり、親鸞の妻なのだから、当然のこと、親鸞とまったく同じ信仰を持っていたに決まっている、とされがちなのである。しかし、これは正しいのだろうか。

家族といえども、別人である。現代に生きる我々が親鸞夫妻に抱く理想像を投影するかたちで歴史史料を分析してしまうと、実際の姿を歪《ゆが》めて捉えることになりかねない。そこで本書では、恵信尼を理想化して捉えるのではなく、その等身大の姿を見ていきたい。

恵信尼は、文永《ぶんえい》元年（一二六四）の『恵信尼文書』第七通で、五重の石塔を建立したいと述べている。石塔とは、石で造られた仏塔《ぶっとう》である。塔は、仏塔を意味するサンスクリット語のストゥーパを漢訳した卒塔婆《そとば》の略である。

> さてもひととせ《(一年)》八十と申候しとし《(年)》、大事の所らう《(労)》をして候しにも、八十三のとし《(年)》ぞ一定と、ものしり《(知)》たる人のふみ《(文)》どもにもおなじ《(同)》心に申候とて、ことし《(今年)》はさる事と思きりてさふらへば、いき《(生)》て候時そとば《(卒塔婆)》をたて《(建)》てみ候はばやとて、五ぢう《(重)》に候いし《(石)》のたう《(塔)》を、たけ《(丈)》七さく《(尺)》にあつらへて候へば、たふし《(塔師)》つくる《(造)》と申候へば、いでき《(出来)》て候はんにしたがひ《(従)》て、たて《(建)》てみばやと思候へども、こぞ《(去年)》のけかち《(飢渇)》に、なにもますかた《(益方)》のと、これのとなにとなくおさなき《(幼)》もの《(者)》ども、上下あまた候を、ころさじ《(殺)》とし候しほどに、ものもきず《(着)》なりて候うへ、しろき《(白)》ものを一もきず《(着)》候へば、

恵信尼は、「八三歳で寿命が尽きると物知りの人の書などに等しく書かれているというの

で、今年は死ぬ年だと覚悟しております。それなので、生きている間に卒塔婆を建ててみたいものだと思い、五重の石の塔を七尺（二メートル強）の高さに注文しましたところ、塔師《とうし》が造ると申しますから、丁度よい石ができ次第建ててみたいと思っていました。ところが、前年に飢饉《ききん》があり益方の子やそれ以前からいた幼い子どもたちがたくさんおり、彼らを餓死させまいと思いますから、着物もろくに着ることもできず、白い着物も一枚も着ないでおりましたので……」と、経済的に非常に困窮していることを覚信尼に伝えている。

恵信尼は、なんとしても石塔を建てたかったようである。同年に書かれた『恵信尼文書』第八通にも、次のようにある。

ことし《今年》は八十三になり候が、こぞ《去年》ことし《今年》はし《死》にどし《年》と申候へば、よろづつね《常》に申うけたまはり《承》たく候へども、たしか《確》なるたより《便》も候はず。さていきて《生》候時と思候て、五ぢう《重》に候たう《塔》の七しやく《尺》に候いし《石》のたう《塔》をあつらへて候へば、このほどはしいだす《仕出》べきよし申候へば、いま《今》はところ《所》どもはなれ《離》候て、下人どもみな《皆》にげ《逃》うせ《失》候ぬ。よろづたより《便》りなく候へとん、いきて《生》候時たて《建》てもみばやと思候て、このほどしいだし《仕出》て候なれば、これへもつ《持》ほどになりて候ときき《聞》候へば、いかにしてもいきて《生》候時、たて《建》てみばやと思候へども、いかやうにか候はんずらん。そのうちにもいかにもなり候はば、こども《子》もた《建》

て候へかしと思て候。

この書簡でも、八三歳が死に年であると述べ、死を覚悟している様子である。「生きている間にと思って七尺の五重の石塔を注文したところ、近々作りはじめることになりそうです」と近況を伝えている。飢饉による困窮のためなのか「引っ越しをし、下人どもも皆逃げていなくなってしまったので心細いけれども、生きている間に建ててみたいと思っております。このほど、石の準備ができたので近いうちにこちらに持ってくることになっておりますけれども、どうなるでしょうか」と不安を述べ、「もし建つ前に自分が死ぬようなことがありましたならば、子どもたちに建ててもらいたいと思っております」と綴っている。

建立の目的

第七通と第八通からは、老齢の恵信尼が石塔に執着する様を読み解くことができる。なぜこれほどまでに石塔に執着したのだろうか。これについては、恵信尼は親鸞と同じ信仰を持っていたはずだとする前提に立って、しばしば論じられてきた。たとえば、恵信尼の信念からすると自身のための供養塔ではないはずだから親鸞の三回忌のためのものではないかとする説や、親鸞は追善供養を否定していたので親鸞の三回忌のための供養塔であるはずがないとして親鸞を偲《しの》んで建てたのだろうとする説もある。しかし、親鸞の三回忌の供養や追憶のためであるならば、書簡の中で親鸞について触れられるはずである。けれども、一切触れられていない。したがって、三回忌の供養や追憶のための石塔ではないのだろう。

本来、石塔は釈迦の骨（仏舎利）を奉安する施設であった。それが平安時代中期頃には、墓塔《ぼとう》ともされるようになる。たとえば、二十五三昧会《にじゅうござんまいえ》の規則集『横川首楞厳院二十五三昧起請《よかわしゅりょうごんいんにじゅうござんまいきしょう》』には、「風景の良い場所を選んで卒塔婆一基を中心に二十五三昧会のメンバーの墓を作ること」とされている。これは、石塔を造立する功徳と、その下に骨を入れられて得る結縁《けちえん》によって極楽往生を祈願したものである（千々和到『板碑と石塔の祈り』）。

恵信尼が建てようとしていた五重の石塔とは、いわゆる五輪塔《ごりんとう》である。五輪塔は、下から地輪《ちりん》、水輪《すいりん》、火輪《かりん》、風輪《ふうりん》、空輪《くうりん》となっており、平安時代後期頃に密教の教えの中から生み出され、阿弥陀仏と密教の大日如来を同体とする思想を背景に、浄土教の信仰者にも受け入れられるようになった。要するに恵信尼は、自身の極楽往生のために五輪塔を建てようとしたのである。もし建立前に死ぬようなことがあれば、子どもたちに建ててもらい追善供養としてほしいと思ったのだろう。死がすぐそこに迫っていることを切々と感じ、なんとしても極楽に往生したいと願ったのである。

五輪塔の建立は、親鸞の教えとは明らかに異なる。夫親鸞を観音菩薩の化身として尊崇し、長い間ともに暮らした恵信尼である。そのようなことは当然分かっていたに違いない。しかし、死の問題に直面した恵信尼は、自身の極楽往生を確信することはなく不安を抱き、功徳を積み極楽往生を確実なものにしようとしたのであった。

死装束の準備

恵信尼は、臨終のありようにもこだわりを持っていた。文永四年（一二六七）九月七日、八六歳の時の書簡（『恵信尼文書』第九通）には、次のようにある。

> こそで《（小袖）》でたびたびたまは《（賜）》りて候。うれしさ、いま《（今）》はよみぢ《（黄泉路）》こそで《（小袖）》にてきぬ《（衣）》も候はんずれば、中ばかり候はず。うれし《（嬉）》□候也。いま《（今）》はあまりき《（着）》て候ものは、さいご《（最後）》の時の事はなしては思はず候。

覚信尼が何度も小袖《こそで》を贈ってくれることに礼を述べ、死装束があることが嬉しいと喜びを綴っている。さらに、「臨終が近い今では、着古した着物であっても、臨終の時のことはともかくとして気になりません」と語りかけている。

当時、小袖は晴れ着であった。恵信尼は、晴れ着を死装束に選んだのである。臨終時の衣が汚れていたり着古したものであったりすると極楽往生に差し支えると思ったのだろう。死装束については、約半年後の文永五年三月一二日の書簡（『恵信尼文書』第一〇通）にも書かれている。

又すりいのもの《（者）》のたより《（便）》に、あや《（綾）》のきぬ《（衣）》たび《（賜）》て候し事、申ばかりなくおぼえ候。いま《（今）》は時日をまち《（待）》てゐて候へば、これをやさいご《（最後）》にて候はむずらんとのみこそおぼえ候へ。たふじ《（当時）》までもそれよりたび《（賜）》て候しあや《（綾）》のこそで《（小袖）》をこそ、さいご《（最後）》の時のと思てもち《（持）》て候へ。よにうれ《（嬉）》しくおぼえ候。

文頭の「すりい」は地名の可能性があるものの未詳である。恵信尼は、覚信尼から贈ってもらった綾織《あやおり》の衣を受け取り、「なんともお礼の申しようもありません」と礼を述べている。「年老いた今は臨終を待つばかりですから、これが最後になるでしょう」と告げ、「今までにあなたがくれた綾織の小袖をこそ、臨終の時に身に着けようととっております。本当に嬉しいことです」と感謝の気持ちを伝えている。

覚信尼から贈られた幾重もの衣の中でも、最も美麗な衣が綾織の小袖だったのだろう。それにしても、もし覚信尼から贈られた小袖を売れば、ずいぶんと生活の足しになったはずである。そうすれば、養っていた幼い孫たちも満足のいくまで腹一杯ごはんを食べられるし、暖かい衣も着られる。しかし恵信尼は、それをしなかった。飢饉などによって困窮した生活を強いられるなか、五輪塔建立の費用を工面し、死装束を大切にとっておいたのである。これだけは、決して譲れなかったのであろう。

前述したように、源信らは、死の直前に身を浄め浄衣《じょうえ》を身に着けていた。これは、汚穢《おえ》があると阿弥陀仏が来迎しないと考えられていたからである。彼らは、来迎を確実にするべく、死の床を清めることに執心していた。源信は鼻毛まで抜いたほどであった。

法然は、念仏者には臨終行儀は不要だとしたが、弟子が書いた伝記では、慈覚大師円仁の九条の袈裟をかけて息を引き取ったことになっている。法然の弟子たちの中には、臨終行儀をした者が多くいた。親鸞は、極楽往生は他力の信心を得たその瞬間に定まるとし、臨終行儀は自力の行者がするものだと否定した。親鸞が死の床で臨終行儀をした形跡はない。

それに対して恵信尼は、臨終時に汚穢があると阿弥陀仏の来迎がないとする源信以来の思想の影響を強く受け、死装束を準備したのだろう。結局のところ、恵信尼の信仰は、親鸞のそれとは違うのである。恵信尼が親鸞を尊敬していたことは間違いない。だからといって、同じ信仰を持たなくてはいけないなどということはないだろう。

恵信尼の信仰

恵信尼は、『恵信尼文書』第一〇通で、次のように覚信尼に語りかけている。

わが《(我)》身はごくらく《(極楽)》へただいま《(今)》にまいり候はむずれ、なに《(何)》事もくら《(暗)》からずみそなはしまいらすべく候へば、かまへて御念仏申させ給て、ごくらく《(極楽)》へまいりあはせ給べし。

「私はもうすぐ極楽浄土へ参ることになるでしょう」と告げ、「極楽ではどのようなことも暗くはなく見ることができるでしょうから、よくよく念仏をお称《とな》えになられて極楽でお会いしましょう」と綴っている。

恵信尼は、もうこの世では覚信尼に再会できないけれども、互いに念仏を称えれば極楽浄土で会えると考え、覚信尼にも必ず念仏をするように促したのである。ここには他力の信心の思想は見えない。恵信尼は、とにもかくにも念仏を称えれば極楽往生を遂げられると考えていたことになるだろう。

恵信尼の信仰は、親鸞よりも法然の信仰に近い。父三善為則は、関白九条兼実の家司《けいし》であった。家司とは、親王家や内親王家、摂関家などの家の事務をつかさどる職員である。兼実は、法然に篤く帰依し、その外護者でもあった。恵信尼の信仰が法然のそれの影響下にあったとしても、まったく不思議ではないだろう。

法然は、念仏の妨げにならないのであれば、念仏以外の行をしてもよいとしていた。当然のことながら、五輪塔を建立してもよいのである。また、法然は念仏を日頃から称える者には臨終行儀は不要だとしたけれども、平安浄土教の影響のもと、死後まもなくしてできあがった伝記では死の床で九条の袈裟をかけたことになっている。恵信尼の信仰には、平安浄土教や、その影響を色濃く受けた法然の信仰の影響があるのである。当時の社会では、極楽往生のために塔を建立したり、死装束を用意したりするのはごく一般的であった。むしろ、念仏以外の行や臨終行儀を否定する親鸞の信仰のほうが、一般的ではないのである。

現在の私たちが恵信尼を非難することなど決してできない。どのような信仰を持とうと、恵信尼の自由であろう。夫親鸞を心から尊敬しながら、世間で一般的とされる信仰を持っていた。ただそれだけである。

二、長男善鸞―呪術で得た名声―

仲の良い父子

親鸞の長男善鸞《ぜんらん》は、建暦元年（一二一一）以前に生まれ、正応《しょうおう》三年（一二九〇）以降にこの世を去っている。母が恵信尼かどうかは分からない。恵信尼ではなく、他の女性だった可能性も大いにある。

善鸞の青年時代以前については詳《つまび》らかではないが、覚如《かくにょ》の伝記絵巻『慕帰絵詞《ぼきえことば》』に善鸞の注記として「宮内卿公《くないきょうのきみ》」とあり、比叡山延暦寺でみられる公名《きみな》（俗名）であると考えられることから、延暦寺の僧だったのではないかという説がある（平松令三「親鸞の生涯」）。のちに善鸞は、慈信房《じしんぼう》善鸞と名乗ることになった。

親鸞帰京後、親鸞と善鸞とは良好な関係にあった。善鸞は、親鸞からその教えを聴き、理解を深めたのである。親しげな様子は、『慕帰絵詞』第四巻や『最須敬重絵詞《さいしゅきょうじゅうえことば》』第五巻にも描かれている。それによると、下野国高田《たかだ》の門弟顕智《けんち》が親鸞のもとを訪れた時に、親鸞と善鸞が顔と顔を近づけながら何やら密談をしており、顕智に気がつくとさっと居ずまいを正したという。親鸞と善鸞は、仲の良い父子だったのである。

ちなみに『慕帰絵詞』と『最須敬重絵詞』は、ともに覚如の死（一三五一年）の直後に制作された、覚如の伝記絵巻である。『慕帰絵詞』は覚如の次男従覚《じゅうかく》が覚如の亡くなった年に父をしのび制作した絵巻物であり、『最須敬重絵詞』は、その翌年に覚如の高弟乗専《じょうせん》が制作した絵巻物で、『慕帰絵詞』の補作だと考えられる。二つとも、親鸞の子孫は尊重されるべきだという覚如の主張が反映されており、善鸞についても比較的好意的である。

東国でのトラブル

さて、親鸞帰京から約二〇年。東国では親鸞の教えについて間違った理解が横行し、多くの異義が噴出していた。なかでも深刻だった異義は、阿弥陀仏は悪人でも救済してくれるのだからどのような悪事を犯してもよいとして積極的に悪事を行う造悪無碍《ぞうあくむげ》（本願ぼこり）である。親鸞は悩んだ。すでにこの頃には、八〇歳前後の老齢となっていたのである。当時の平均寿命の約二倍の年齢である。とてもではないが、自ら東国に赴くことはできない。そこで頼りにしたのが善鸞であった。親鸞は、善鸞に全幅の信頼を置いていたからこそ、代理として東国へ遣わしたのだろう。他力の教えを十分に理解している善鸞ならば、この困った事態を解決してくれるに違いない。親鸞はそう考えたのである。善鸞が東国へ赴いたのは、建長五年（一二五三）頃のことであった。

善鸞は、東国下向の当初は、『最須敬重絵詞』第五巻に「初《はじめ》ハ聖人《しょうにん》ノ御使トシテ坂東《ばんどう》へ下向《げこう》シ、浄土ノ教法ヲヒロメ」たとあるように、親鸞の期待した通りに他力の教えを説いて歩いた。ところが、次第に善鸞が説く教えは変化していったのである。おまけに、東国の門弟との諍《いさか》いも生じはじめた。善鸞と門弟の双方から互いの悪口を吹き込まれた親鸞は、困惑してしまう。年未詳一一月九日付善鸞宛書簡（『親鸞聖人御消息集』第六書簡）には次のようにある。

九月廿七日ノ御フミ《（文）》、クワシク《（詳）》ミ《（見）》サフラ《（候）》ヒヌ。サテハ御ココロザシ《（志）》ノ銭伍貫文《ごかんもん》、十一月九日ニタマハリテサフラフ《（候）》。（中略）慈信坊ノクダリ《（下）》テ、ワガ《（我）》キ《（聴）》キタル法文コソマコト《（真）》ニテハアレ、ヒゴロ《（日頃）》ノ念仏ハ、ミナ《（皆）》イタヅラゴトナリトサフラ《（候）》ヘバトテ、オホブ《（大部）》ノ中太郎ノカタ《（方）》ノ人ハ九十ナン人トカヤ、ミナ《（皆）》慈信坊ノカタ《（方）》ヘトテ中太郎入道ヲステ《（捨）》タルトカヤ、キキ《（聞）》サフラ《（候）》フ。イカナルヤウニテサヤウニハサフラ《（候）》フゾ、詮ズルトコロ信心ノサダ《（定）》マラザリケルトキキ《（聞）》サフラ《（候）》フ。イカヤウナルコトニテ、サホドニオホク《（多）》ノヒトビト《（人々）》ノタヂロギサフラ《（候）》フラン。不便ノヤウトキキ《（聞）》サフラ《（候）》フ。マタ、カヤウノキコ《（聞）》ヘナンドサフラ《（候）》ヘバ、ソラゴト《（虚言）》モオホ《（多）》クサフラ《（候）》フベシ。（中略）イカヤウニススメ《（勧）》ラレタルヤラン。不可思議ノコトトキキ《（聞）》サフラ《（候）》フコソ、不便ニサフラ《（候）》ヘ。ヨクヨクキカ《（聞）》セタマフベシ。（中略）真仏坊・性信坊・入信坊、コノヒトビト《（人々）》ノコトウケタマハリ《（承）》テサフラ《（候）》フ。カヘスガヘスナゲキ《（嘆）》オボヘ《（覚）》サフラ《（候）》ヘドモ、チカラ《（力）》ヲヨバ《（及）》ズサフラ《（候）》フ。

善鸞は、書簡とともに五貫文もの銭を送っている。銭五貫文というと、この当時、おおよそ米一〇石に相当する（国立歴史民俗博物館の「古代・中世都市生活史〔物価〕データベース」

参照）。令制《りょうせい》では唐制《とうせい》によって米一〇石は一万合であった。一食一合で計算すると、善鸞はなんと米一万食分もの銭を親鸞に送ったことになる。なんと親孝行な息子なのだろう。

ところが、この書簡によると親鸞は、門弟から善鸞が「自分が聴いた教えこそが本当であり、門弟らが日頃から称えている念仏はすべて無意味です」といっているとの報告を受けていたようである。さらに、門弟からの報告によると、「オホブノ中太郎」の弟子九〇人以上が中太郎を見捨てて善鸞の弟子になってしまったという。これについて親鸞は、「結局のところ、信心が定まっていなかったのだと思います。どのような理由で、これほどまでに多くの人たちが動揺したのでしょうか」と善鸞に問いただしている。親鸞は、耳に入った噂《うさわ》についても「嘘《うそ》も多くあることでしょう」と善鸞を気遣った上で、「どのように教えを説いているのでしょうか」と報告するように促している。善鸞から親鸞に宛てた書簡には、東国の門弟真仏、性信、入信の批判が書いてあったようである。親鸞は「真仏坊や性信坊、入信坊のことは承りました」と述べ、「とにもかくにも嘆かわしく思いますけれども、力が及びません」と弱々しく嘆息している。

義絶

このように親鸞は、当初は東国で起きている諍いをどのように判断するべきか迷っていた。

しかし、結局は門弟の言い分を聞き入れ、実の息子善鸞を義絶することになる。建長八年（一二五六）五月二九日付善鸞宛書簡（専修寺《せんじゅじ》所蔵、古写消息）では、次のように善鸞を手厳しく非難している。

慈信房ノホフモン《（法門）》ノヤウ、ミヤウモク《（名目）》ヲダニモキカズ《（聞）》、シラヌ《（知）》コトヲ、慈信一人ニ、ヨル《（夜）》親鸞ガオシエ《（教）》タルナリト、人ニ慈信房マフ《（申）》サレテサフラウ《（候）》トテ、コレニモ常陸・下野ノ人々ハ、ミナ《（皆）》シムラム《（親鸞）》ガ、ソラゴト《（虚言）》ヲマフ《（申）》シタルヨシ《（由）》ヲマフ《（申）》シアハレテサフラ《（候）》エバ、今ハ父子ノキ《（義）》ハアルベカラズサフラウ《（候）》。（中略）マコトニカカルソラゴト《（虚言）》ドモヲイヒ《（言）》テ、六波羅ノヘム《（辺）》、カマクラ《（鎌倉）》ナムドニ、ヒロウ《（披露）》セラレタルコト、ココロ《（心）》ウ《（憂）》キコトナリ。コレラホドノソラゴト《（虚言）》ハコノヨ《（世）》ノコトナレバ、イカデモアルベシ。ソレダニモ、ソラゴト《（虚言）》ヲイウコト、ウタテキナリ、イカニイハムヤ、往生極楽ノ大事ヲイヒ《（言）》マドワシ《（惑）》テ、ヒタチ《（常陸）》・シモツケ《（下野）》ノ念仏者ヲマドワシ《（惑）》、オヤ《（親）》ニソラゴト《（虚言）》ヲイヒ《（言）》ツケタルコト、ココロ《（心）》ウ《（憂）》キコトナリ。第十八ノ本願ヲバ、シボメル《（萎）》ハナ《（花）》ニタト《（譬）》エテ、人ゴトニ、ミナ《（皆）》ステ《（捨）》マイラセタリトキコ《（聞）》ユルコト、マコトニハウボフ《（謗法）》ノトガ《（咎）》、又五逆ノツミ《（罪）》ヲコノミ《（好）》テ、人ヲソム《（損）》ジマドワ《（惑）》サルルコト、カナシ《（悲）》キコトナリ。（中略）イマ《（今）》ハオヤ《（親）》トイフコトアルベカラズ、コ《（子）》トオモフ《（思）》コトオモヒ《（思）》キリ《（切）》タリ。

親鸞は、「善鸞が東国で説いている教えと私のそれとは大いに異なります」とし、『親鸞は善鸞一人だけに夜中に真の教えを説いたと善鸞がいっている』と、常陸国や下野国の人々は親鸞が嘘を教えたといいあっています。今となっては父子の縁を切ります」と、絶縁をい い渡している。また親鸞は、善鸞が「嘘をついて六波羅探題や鎌倉幕府に申し立てたのは情けないことです。この程度の嘘はこの世のことですからよくあることでしょう。それでさえも嘘をつくことは心が痛むことです。まして、極楽往生という大事なことについて常陸国や下野国の念仏者を惑わし、親に嘘をついたことは情けないことです。阿弥陀仏の本願である第十八願を無意味なものと見なしてしぼんだ花に譬えたために人々はみな本願を捨ててしまったと聞いています。これはまさに謗法《ほうぼう》の罪であり、五逆《ごぎゃく》の罪を自分から進んで犯し、人々を害して惑わしたことは悲しいことです」と嘆いている。その上で親鸞は、もう親子の縁を切る、と告げている。

善鸞が六波羅探題や鎌倉幕府に申し立てた点については、鎌倉幕府が編纂した史書『吾妻《あづま》鏡《かがみ》』には見えない。また、年未詳七月九日付性信宛書簡(『親鸞聖人御消息集』第二書簡)には、性信が誰かから訴えられ鎌倉に弁明に行き事なきを得たことが見えるものの、誰に訴えられたのかは記されていない。したがって、詳細は不明である。

真宗高田派専修寺に現存する本書簡は、親鸞の自筆本ではなく、門弟顕智《けんち》が嘉元《かげん》三年（一三〇五）に書写した古写本である。顕智は善鸞に敵対していた真仏の弟子でもある。とすると、なぜ敵方に善鸞宛書簡が伝わっているのだろうか。その上、善鸞に関係する寺院に義絶を示す書簡が一切残っていないのはなぜであろうか。

このような疑問によって本書簡を偽文書《ぎもんじょ》と見なし、善鸞の義絶そのものがなかったとする説も根強くある。ただし、善鸞義絶については、善鸞だけにいい渡されたのではなく、争っていた門弟らにも同様に周知されたという可能性もあるであろう。ちなみに、この書簡とほぼ同じ内容のことは、建長八年五月二九日付性信宛書簡（『親鸞聖人血脈文集』第二書簡）にもあるので、性信にも伝えられていた。性信宛の書簡には、「この書簡を周囲の人々にもお見せください」という親鸞の言葉が綴られているのである。親鸞は、東国の有力な門弟らに書簡と義絶状の写しを送り、事態を収束させようとしたのではないだろうか（永村眞「「消息」と「聖教」」）。

その上、覚如の伝記絵巻『最須敬重絵詞』第五巻には、善鸞が「仏法修行ノ儀ニハヅレ《（外）》」たために、親鸞も「御余塵《ごよじん》ノ一列《いちれつ》ニオボシメサ」なくなったとあり、ここでも善鸞は親鸞の不興を買い、関係を断たれたとされている。『最須敬重絵詞』は、覚如の言をもとに制作されたと考えられる。

東国で善鸞が他力の教えを説いていなかったことは、『慕帰絵詞』や『最須敬重絵詞』にも書かれており、『最須敬重絵詞』第五巻には呪術に走るようになってしまったので「聖人モ御余塵ノ一列ニオボシメサ」なくなったとある。ここでいう「聖人」とは、親鸞のことである。さらに、のちの蓮如も、『蓮如上人御一期記《ごいちごき》』九八によると、東国へ下向した時、善鸞の旧跡の前を、笠を傾けて見ることもなく通過したとされている。親鸞と善鸞との確執はたしかにあったのだろう。

悪意の有無

親鸞は書簡中で、善鸞を嘘つきだと激しい調子で非難している。けれども、はたして善鸞に悪意はあったのだろうか。善鸞は、親鸞が思っていたほどに、そもそもその教えを理解していたのだろうか。この点については、少々疑問が残る。なぜならば、義絶以前に書かれた年未詳九月二日付善鸞宛書簡（『親鸞聖人御消息集』第五書簡）には、次のようにあるからである。

マタ、モノニクルウテ（狂）死センヒトビト（人々）ノコトヲモチテ、信願《しんがん》坊ガコトヲ、ヨシ（善）、アシ（悪）トマフス（申）ベキニハアラズ。念仏スルヒト（人）ノ死ニヤウモ、身ヨリ病ヲスル人ハ往生ノヤウヲ

マフスベカラズ。《(申)》

本書簡は、善鸞が東国の門弟信願の造悪無碍の異義を伝えた書簡への返事である。親鸞は、「正気を失って死んだ人々のことをもとに信願坊のことを善いとか悪いとか申すべきではありません。念仏者の死にざまについても、病気になって死ぬ人は往生できるかどうか分からないなどといってはいけません」としている。

とすれば、善鸞は、病気になって(つまり苦しんで)死に至った者は往生できないのではないか、と親鸞宛の書簡で書いていたことになるだろう。要するに、源信以来の平安浄土教の影響を受けていたことになる。もし善鸞がわざと嘘をついて異なった教えを広めようと考えていたのであれば、親鸞宛の書簡にその教えと異なることをあえて堂々と書き込んだりはしないであろう。

親鸞は門弟からのいい分を信用したが、はたしてそれが正しかったのかどうかも、今となっては分からない。善鸞と不仲になった門弟らが、善鸞の言動を誇張して(もしくは、歪めて)報告し、貶《おとし》めた可能性も大いにあるだろう。

これまで義絶については、親鸞の書簡をもとに論じられ、善鸞は「親不孝者」「悪者」の烙印《らくいん》を押されてきた。しかし、善鸞にだっていい分はあったのではないか。少なくとも善鸞は、東国で多くの支持を受けていた。前述したように、「オホブノ中太郎」の弟子九〇人以上が中太郎を見捨てて善鸞の教えを受けることにした。親鸞はなぜこれほどまでに多くの人間が善鸞のもとへ走ったのだろうと不思議に思ったようだが、それは善鸞の人柄やその教えが魅力的だったからに他ならない。そうでなくては、九〇人以上もの人間が一斉になびくわけがない。

首から懸けた名号

善鸞は、東国下向後、どのような信仰を持っていたのだろうか。善鸞のその後は、覚如の死後すぐに制作された覚如の伝記絵巻『慕帰絵詞』と『最須敬重絵詞』で語られている。『慕帰絵詞』と『最須敬重絵詞』を比較してみると、『最須敬重絵詞』のほうがより詳しく記されているので、『最須敬重絵詞』を見ていきたい。

『最須敬重絵詞』には、親子の縁を切られたのちも善鸞は親鸞からもらった「無碍光如来《むげこうにょらい》」の名号《みょうごう》を肌身離さず首から懸け、馬に乗っている時もひたすら念仏を称えていたとされている。『最須敬重絵詞』によれば、善鸞は義絶後も親鸞を敬慕する態度をとり続けていたことになる。

善鸞が生きた時代には、符《ふ》を懸けると様々な災いを除けると考えられていた。たとえば、

『吾妻鏡』寛喜三年(一二三一)五月四日条には、九条道家《くじょうみちいえ》が息子の鎌倉幕府四代将軍九条頼経《よりつね》に疫病を除くための符を送り、懸けるように促したことが見える。さらに『吾妻鏡』建長五年(一二五三)五月四日条には、壬午《じんご》にあたる年の五月五日に赤い紙で端午《たんご》の神符《しんぷ》を作って懸ければ寿命が百歳になるからと、後嵯峨《ごさが》上皇が長男宗尊《むねたか》親王に三種の符を下賜した、とある。端午の神符は、敵を滅ぼす効果があるほか、「三災九厄の病難」までも除くことができるので、先例では皆、符を書いてお守りにしており公家《くげ》たちもそのようにしている、とされている。どこに懸けるかは示されていないものの、身体を守ることからすると、首から懸けたと考えるのが妥当であろう。公家の間では、お守りとして符を懸けることは広く行われていたようである。あるいは善鸞も、このような目的のもと、名号を首から懸けていたのだろうか。

巧みな符術

『最須敬重絵詞』第五巻には、善鸞が符術《ふじゅつ》によって病気治療をしようとした逸話がある。正応三年(一二九〇)三月のことである。覚如は、東国に巡見に赴いた際、病に倒れた。そこに、善鸞が息子の如信《にょしん》とともに現れ、病気を治療しようとしたのである。善鸞は覚如に向かって次のようにいった。

ワレ《（我）》符ヲモテヨロヅ《（万）》ノ災難ヲ治ス。或ハ邪気《じゃけ》、或ハ病悩《びょうのう》、乃至《ないし》呪詛《じゅそ》、怨家《おんけ》等ヲシリゾ《（退）》クルニイタル《（至）》マデ、効験イマダ地ニオチ《（落）》ズ。今ノ病相ハ温病トミエ《（見）》タリ。コレヲ服セラレバ即時ニ平癒スベシ。

善鸞は、符によって、邪気、病悩、呪詛、怨霊《おんりょう》を退けるに至るまで、あらゆる災難を解決できるとして、符の効験はあらたかだと自負している。善鸞の見たところ、覚如の病は熱病のようだから、符を飲めばすぐさま平癒するはずだ、といった。

しかし覚如は、符を飲もうとはせず、結局飲むふりだけして手の中に隠してしまった。善鸞はこれに気がつき、自分の符術を軽んじたといって後日不平を漏らしたという。一方、その後、覚如のほうは、父覚恵《かくえ》に「なぜ符を飲まなかったのだ」と尋ねられ、「どうして、何よりもすぐれている名号をたもっているにもかかわらず、劣った怪しげな呪術を用いることがありましょうか」と答えている（『最須敬重絵詞』）。

符による治療は、医博士丹波康頼《いのはかせたんばのやすより》（九一二―九九五）が編纂した日本現存最古の医学全書『医心方《いしんほう》』巻二三の産科の巻にもある。たとえば、出産後に胎盤が出ない時には、符に呪文を書いて飲めばすぐさま出てくる、とある。

丹波康頼は、符術による治療が有効だと考えたからこそ、膨大な医学全書の中からこのような記述を抜き書きしたのであろう。

さて、覚如は符を飲むことを頑《かたく》なに拒否したが、『最須敬重絵詞』では善鸞の符術について高い評価がなされている。

カノ符術モ名号加持《かじ》ノ力ヲモトトセラレケルニヤ。モチ《（用）》キル人ハカナラ《（必）》ズソノ勝利ムナシカラザリケリ。

「善鸞の符術は、名号を加持した力をもとにしているからでしょうか。それを用いた人には必ず効果がありました」とされている。善鸞の符術は効くことで有名だったのである。「名号加持ノ力」とあるので、善鸞は符に「南無阿弥陀仏」と名号を書き、加持を加えたことになる。加持は、しばしば密教の僧侶が、病をもたらしたモノノケを調伏《ちょうぶく》するために行っていた。僧侶が病人と仏の媒介者となり、仏の力を病人に与える。それに

胎盤が出ない時の呪文
槇佐知子『医心方　二三　産科治療・儀礼篇』（筑摩書房、1998年）より

よって病気は治ると考えられていた。薬や水に加持を加えてそれを病人に飲ませ病を治すとはしばしば行われていた。善鸞は、名号を書き加持した符を覚如に飲ませることによって、覚如の体内に阿弥陀仏の力を入れ、病気を治そうとしたのである。

善鸞は、巧みな符術で人々の心を摑んだ。親鸞の信仰とは一八〇度違うといっても過言ではなかろう。善鸞だって、下向当初は親鸞の教えに忠実であろうと努力したのである。しかし、それでは人がついてこなかったのであろう。東国の人々は、極楽往生も求めただろうが、最も求めたのは現世利益だったのではないだろうか。現世での悩みを解決してくれる僧侶こそが重宝されたのである。

巫女との布教活動

善鸞は、東国で布教活動に精を出し、幅広い層の人々からの信頼を得た。『最須敬重絵詞』第五巻には、下向当初は親鸞の教えを広めていたものの、田舎の信仰が身についてしまい、結局は「巫女《みこ》ノ輩《ともがら》ニ交」わり旅に出ては教えを説く生活をし、「巫覡《ふげき》ノ振舞《ふるまい》」をするようになった、とある。神意《しんい》を伝える女性は「巫」、男性は「覡」と呼ばれていた。つまり善鸞は、神意の伝達をしていたことになる。

そもそも巫女には二種類ある。一つは神社に所属する神社巫女であり、鈴や琴などの楽《がく》や舞によって神に奉仕して神意を伝える役割を担い、定住生活を送っていた。もう一つは歩き巫女である。彼女らは、必ずしも定住せず、歩き回って主に病気治療の祈禱をしていた。神社巫女と歩き巫女は、ともに憑依の対象となり託宣《たくせん》を伝える点で共通する。善鸞が行動をともにしたのは、歩き巫女のほうである。

巫女はしばしば僧侶や山伏《やまぶし》と行動をともにし、病気治療や安産の祈禱にあたっていた。その様は、『餓鬼草紙《がきぞうし》』や『春日権現験記絵《かすがごんげんげんきえ》』をはじめとする絵巻物に多く見ることができる。たとえば『餓鬼草紙』には、貴族の邸での出産場面に僧と巫女が描かれている。彼らは、出産時に跳梁《ちょうりょう》するモノノケの調伏に携わっていた。僧侶の加持によってモノノケが呪縛《じゅばく》されて巫女に憑依させられ調伏される。『春日権現験記絵』には、山伏と年老いた巫女が病気治療の祈禱をする場面がある。山伏が数珠《じゅず》を持って加持をし、巫女は白砂を盛り託宣を伝える役を担う。

いずれの絵巻物でも憑依される対象は女性であるものの、実際にはそればかりではなかった。『梁塵秘抄《りょうじんひしょう》』巻第二の一首をご覧いただきたい。

　東《あずま》には女はなきか男巫《おとこみこ》さればや神の男には憑《つ》く

「東国には女の巫女はいないのだろうか、男巫ばかりだ。だから神は男に乗り移るのだな」。このように歌われている。とりわけ東国では、男巫である覡が多くいたのである。善鸞が覡さながらに行動した理由は、このような風潮の影響によるものなのだろう。

歩き巫女は、主に庶民層を対象に病気治療にあたっていた。善鸞が得意とした符術も、庶民が多く用いた治病法である。巫女と行動をともにし、病に苦しむ人々のために加持をし、彼女らにモノノケを憑依させ、もしくは神の託宣を伝えさせて治療に励んだのである。さらには、善鸞自身が、まるで覡であるかのように託宣を伝えることもあった。神意を病人に伝え病を快方に向かわせるべく、尽力したのであろう。当時の社会では、僧侶が病気治療に携わるのはごく一般的であった。験力があり治病に効果を発揮する僧侶は、人々からの信頼を得ることができる。当然、その教えも説得力をもって受け入れられたことであろう。善鸞も、病気治療をすることにより信頼を得、布教したのである。

布教のための工夫

善鸞は、権力者にも積極的に取り入っていたようである。親鸞は、年未詳正月九日付真《しん》浄《じょう》宛書簡（『親鸞聖人御消息集』第七書簡）で、善鸞が「父親鸞から、世間の有力者に取り入って念仏の教えを広めよ、と指示されました」と述べたという噂を聞きつけ、「そんなものは、とんでもない嘘です」と憤慨している。

『最須敬重絵詞』には、執権北条貞時《しっけんほうじょうさだとき》の箱根権現《はこねごんげん》と走湯権現《そうとうごんげん》への参詣、常陸国守護職《しゅごしき》小田《おだ》知頼《ともより》の鹿島社《かしましゃ》参詣の際に善鸞を供とした、とある。前述したように善鸞は、符術によって、病気治療のほか呪詛や敵を退けることもできると自負していた。巧みな符術によって呪詛や敵を退け、権力者からの信頼を得たのであろう。実際のところ、精力的に布教活動を繰り広げるには在地領主からの庇護は不可欠である。善鸞は符術をはじめとする呪術によって、その信頼をかち得たのである。

さて、『慕帰絵詞』『最須敬重絵詞』ともに、善鸞にはずいぶんと好意的である。たとえば『最須敬重絵詞』では、義絶される前の善鸞が親鸞と非常に親しかったことを示す逸話を入れた上で、「オホヨソ人ノ権実《ごんじつ》ハ凡見《ぼんけん》ヲモテサダメガタク、外相《げそう》ヲモテハカリガタシ」（だいたい人の仮の姿と真の姿はちょっと見ただけでは判じがたく、外見だけでは分かりません）とし、次のように述べている。

ソノ行状ハ幻術《げんじゅつ》ニ同ズレドモ、シラズ。(知)御子《みこ》巫《かんなぎ》等ノ党《ともがら》ニマジ(交)ハリテ、カレラ(彼等)ヲミチ(導)ビカントスル大聖《だいしょう》ノ善巧《ぜんぎょう》ニモヤアリケン。

善鸞は怪しげな術のようなものを行っていたけれども、よく分からない。巫女などの集団に交わって彼らを導こうとしたためではないだろうか、と推測されている。「善巧」とは、相手の能力によって巧みに教え導くことである。要するに、善鸞は巫女が理解しやすい「幻術」をあえて取り入れて導こうとしたために、一見すると親鸞の信仰とは異なる信仰を持っていたかのように見えたのではないか、とされているのである。

『慕帰絵詞』や『最須敬重絵詞』は、覚如の伝記であり、覚如は善鸞の息子如信から親鸞の教えを伝えられている。覚如は、親鸞の正しい教えは、親鸞→如信→覚如と伝えられたとして自身の正統性を主張したのである。そのようなこともあり、如信の父善鸞を悪者として強調せず、むしろ擁護するかたちでまとめたのであろう。覚如のために符術による治病をしようとしたのだから、善鸞は巫女を導くために意図的に「幻術」を用いたのではない。もしそうであるのならば、覚如に符術を使おうとするはずはないであろう。やはり善鸞は、東国に赴いたのち、呪術の信仰を持っていたのである。

善鸞は、現世利益を求めてくる東国の人々に触れあううちに、呪術を行わなければとてもではないがその信頼は得られないと思ったのではないだろうか。日常的に呪術に依存していた東国の人々にとっては、自力を否定する親鸞の教えは簡単に受け入れられるものではなかった。親鸞が東国にいた時にはなんとかなったとしても、いなくなってからは容易ではなく、代理で赴いた善鸞には荷が重すぎたのである。もともと善鸞は、親鸞が評価したほどには、その教えを理解していなかったのだろう。それゆえ、東国へ行ったのち、揺らいでしまった。善鸞は、親鸞の教えの核である他力の信心はひとまず置くことにし、東国の人々に受け入れられやすいかたちで阿弥陀信仰を説くようになったのである。困っている人々のために積極的に呪術を使い自力の教えを説いているうちに、自然と自身の信仰もそのように変化していったのではないだろうか。

三、末娘覚信尼―父への思い―

親子の絆

覚信尼《かくしんに》（一二二四―八三頃）は、親鸞五二歳、恵心尼四三歳のときに生まれた末娘である。出家前の名は王《おう》。王御前《おうごぜん》と呼ばれていた。常陸国で生まれ育ち、一一歳前後で親鸞とともに京都へ移った。のちに太政大臣となる久我通光《こがみちてる》の屋敷で侍女として仕えたのち、日野広綱《ひのひろつな》と結婚する。広綱は、親鸞出家時の後見人であった範綱《のりつな》の孫にあたり、覚信尼とは又従兄妹《またいとこ》にあたる。覚信尼と広綱の間には、長男覚恵《かくえ》と長女光玉《こうぎょく》が生まれた。ところが広綱は、覚恵が七歳の時にこの世を去ってしまう。若くして夫と死別した覚信尼は、親鸞のもとで子どもたちと一緒に暮らした。晩年の親鸞の生活を支えたのは、覚信尼である。
覚信尼は、父親鸞のみではなく、越後国にいる母恵信尼とも良好な関係を築いていたようである。覚信尼は遠く離れて暮らす高齢の恵信尼を思いやり小袖を贈ったり、たびたび近況を伝えたりしていた。

恵信尼も覚信尼を頼りにしていたようであり、針を送ってくれるよう頼んだり、「ことにはおとご《乙子》にておはしまし候へば、いとをし《愛》きことに思まいらせて候しかども、み《見》まいらするまでこそ候はざらめ、つね《常》に申うけたまはる事だにも候はぬ事、よに心ぐるしくおぼえ候」（特にあなたは末っ子でいらっしゃいますから、愛おしく思っておりますけれども、お会いすることはとてもできないにしても、常に手紙でやりとりさえできないのはとても辛く切ないことと思っております）と、『恵信尼文書』第八通で寂しい心の内を率直に語っている。

覚信尼の信仰

覚信尼は、弘長二年（一二六二）一一月一日、親鸞の臨終（一一月二八日）を伝える書簡を恵信尼に送った。それへの返事が、『恵信尼文書』第三通である。恵信尼は、常陸国下妻で、法然は勢至菩薩であり、親鸞は観音菩薩の化身だという夢を見たと告白している。覚信尼には、「かく御心へ候べし」（そのようにお思いになりなさい）と諭した上で、次のように語りかけているのである。

されば御りんず《臨終》はいかにもわたらせ給へ、うたがひ《疑》思まいらせぬうへ、おなじ《同》事ながら、ますかた《益方》も御りむず《臨終》にあいまいらせて候ける、おやこ《親子》のちぎり《契》と申ながら、ふかく《深》こそおぼえ《覚》候へばうれしく候、うれしく候。

恵信尼は、親鸞が観音菩薩の化身であることを理由に、「ご臨終がどのようなものであったとしても、極楽浄土への往生を疑い申し上げるはずはなく、ご臨終に居合わせてもそうでなくても同じではありますが、益方《ますかた》（の有房）も御臨終に立ち会うことができましたのは、親子の契りとはいいながらも、とても深いご縁だと思いますので、大層嬉しゅうございます」としている。

覚信尼は、親鸞の臨終に立ち会い、その様子からもしかして極楽往生できなかったのではないかという不安を抱えたのだろう。臨終行儀を自力の行だと否定していた親鸞は、それをせずに亡くなった。さらには臨終時に光が差したり、紫雲《しうん》がたなびいたりといった奇瑞《きずい》もなかったのだろう。鎌倉時代では、善知識《ぜんちしき》を招いて臨終行儀をして正念《しょうねん》となり、光や紫雲、音楽といった奇瑞を期待するのが一般的であった。奇瑞は、阿弥陀仏の来迎があった証拠とされたのである。奇瑞がなければ、阿弥陀仏の来迎がなかった可能性が高まる。これはまずい。覚信尼はそう思ったのだろう。このような信仰は、平安浄土教に基づくものである。覚信尼は、当時のごく一般的な信仰を持っていたのである。

恵信尼が小袖を死装束にできると喜べば、母を少しでも喜ばせたいと思い、せっせと綺麗《きれい》な小袖を贈った。遠く離れた母への孝行といえば、まめな連絡とプレゼントぐらいのものだったのだろう。覚信尼は、恵信尼が臨終時の衣にこだわりを持っていても、覚信尼が父親鸞の信仰とは違うと諭した形跡はまったく見られない。覚信尼は、親鸞の臨終時の正念や奇瑞を期待していたのだから、恵信尼の死装束にも何ら疑問を持たなかったのではないだろうか。

覚信尼がこのような信仰を持ったのも無理はない。なぜならば、前述したように、親鸞編『西方指南抄』には自害往生《じがいおうじょう》した津戸三郎為守《つのとのさぶろうためもり》について「メデタク往生ヲトゲ(遂)タリケリ」とあるし、親鸞の和讃では曇鸞《どんらん》や法然の臨終時に来迎の奇瑞があったことが称賛されているからである。親鸞のこのような言説を目にすれば、正定聚の話を親鸞から聴いていたとしても、臨終行儀や奇瑞を意識してしまうのではないだろうか。そうだとしても、仕方がないだろう。当時の社会では、臨終行儀を重視し、奇瑞を期待するのは当たり前だったのだから。

大谷廟堂の建立

覚信尼は、親鸞亡き後、小野宮禅念《おのみやぜんねん》という下級貴族と再婚した。親鸞が亡くなってから一〇年目にあたる文永九年（一二七二）、覚信尼は夫禅念や東国の門弟とともに禅念が所有していた土地に、六角形の廟堂《びょうどう》を建てて親鸞の遺骨を移しその影像を安置した。これが大谷《おおたに》廟堂《びょうどう》である。廟堂建立の地には、現在、知恩院《ちおんいん》山門の北側にある崇泰院《そうたいいん》が建っている。

廟堂建立の翌々年、禅念は敷地を覚信尼に譲渡し、さらにその翌年にこの世を去った。禅念は、自分の命がもう長くはないことを悟り覚信尼に譲ったのだろう。そして建治《けんじ》三年（一二七七）一一月七日、覚信尼は大谷廟堂を親鸞の墓所として、門弟らに寄進した。「覚信尼大谷敷地寄進状《きしんじょう》」には、次のようにある。

みぎ（右）くだん（件）のち（地）は、あま（尼）かくしん（覚信）が、さうでん（相伝）のところなり、しかるをこしんらん（故親鸞）上人は、かくしん（覚信）がちち（父）にてをはしますゆゑ（故）にむかし（昔）のかうばし（芳）さによて、上人の御はか（墓）どころに、なが（永）くゐいだい（永代）をかぎ（限）て、きしん（寄進）したてまつる物なり。かくしん（覚信）一ご（期）ののち（後）このところをあいつ（継）がんするすゑ（末）ずゑの人、

大谷廟堂の場所は、現在の崇泰院（京都府京都市東山区）のあたりだと考えられる

ほんけん《本券》をたいして、しそむ《子孫》たりといふとも、ゐなか《田舎》の御どうぎやう《同行》の御心ゆかずして、こころ《心》にまかせてうり《売》もし、またいらん《違乱》なさんともがら《輩》は、はやく《早》ふけう《不孝》にそ《処》せられて、ざいくわ《罪科》にをこなはるべし。又しんらん《親鸞》上人の御でしたち《弟子達》の御心にかな《叶》いて候はんものをば、この御はかどころ《墓所》を、あづけ《預》たび候てみさはくらせられ候べし。まつだい《末代》までも、御はか《墓》をまた《全》くせんために、きしん《寄進》のじやう《条》、くだん《件》のごとし《如》（中略）もしこの御めうだう《廟堂》あづか《預》りて候ハんずる、あま《尼》がすゑ《末》ずゑの物どもも、このち《地》をうり《売》もし、七《質》にもをきて候とん、ゆめもちゐ《用》られ候ハで、このふみ《文》をもんぞ《文書》として、ゐ中《田舎》の御どうぎやう《同行》たちの御ハから《計》ひにて、をさへてくげ《公家》ぶけ《武家》へそせう《訴訟》をいたして、御ハか《墓》のち《地》になさるべし、

「故親鸞上人」は父であるから昔の懐かしさに心ひかれて、自分が相伝する土地をその墓所として永代寄進するとしている。さらに、もしこの廟堂の管理をする自分の子孫どもが東国の門弟たちの心に叶わず、土地を売って質に入れることでもあれば、この寄進状を証拠として訴訟を起こし、墓所としてほしい、と求めている。

覚信尼は、廟堂の地を門弟らに寄進する代わりに、その管理権は自分の子孫が代々持てるようにした。東国の門弟を立て協力を仰いで反発を食らわないように十分配慮した上で、子

孫が留守職として生きていく道を切り開いたのである。覚信尼はとても賢い女性だった。

弘安六年（一二八三）、六〇歳の覚信尼は喉《のど》の病を患い、死を覚悟することになる。一一月二四日に東国の門弟らに書簡（「覚信尼最後状」）を送り、命が尽きようとしているので廟堂の管理を長男の覚恵に譲る、と告げている。書簡中では、「ただいかう《(一向)》ゐ中《(田舎)》の人びとをこそ、たの《(頼)》みまいらせ候へバ、あま《(尼)》がさふら《(候)》ひしにかは《(変)》らず御らん《(覧)》じはな《(放)》たれず候へかしとおぼえ《(覚)》て候」とし、ただひたすらに東国の門弟だけを頼りにしているので自分の死後も変わらず見捨てないでやってほしい、と懇願している。後述するように、覚恵は親鸞のそば近くでかわいがられて育ったわりにはその教えの理解も浅く、どうも頼りない人物であった。そんな覚恵を心配して門弟らに死後のことを頼んだのだろう。子を思う親心は、昔も今も変わらない。

第五章　継承者たちの信仰——如信・覚如・存覚

一、孫如信――「正統」な継承者――

生い立ち

善鸞《ぜんらん》の息子如信《にょしん》（一二三五―一三〇〇）は、親鸞六三歳の時の孫である。その誕生は、親鸞が常陸国から帰京してまもなくのことであった。おそらく如信は京都で生まれたのだろう。母の名や出自は不明である。

如信は幼い頃より親鸞のそば近くで育った。『最須敬重絵詞《さいしゅきょうじゅうえことば》』第一巻によると、寺院に入り仏教の勉強をすることはなく様々な経典を読むこともなかったが、解脱《げだつ》を願う心は強く、ひたすら祖父親鸞が教え示したことを信仰していたという。如信は大人になってもなお親鸞に寄り添い続けてその教えを受けた。親鸞と如信は、まるで釈迦とその弟子阿難《あなん》のようであった、と語られている。阿難は、常に釈迦に近侍し最も多くその教説を聴いたことから「多《た》聞《もん》第一」とまで称された、釈迦の十大弟子の一人である。『最須敬重絵詞』では、如信をそんな阿難に譬え、親鸞の教えを非常によく理解していた、と強調されている。

如信の父善鸞は、親鸞の代理として東国で起きた問題を解決しようとしたものの、結局は東国の門弟らと仲たがいし、親鸞から義絶されてしまったという。如信がいつ東国へ下向し

如信上人尊像（木造　願入寺所蔵）

たのかは分からない。問題解決のために下向した善鸞に同行した可能性もあるし、その後になって善鸞の元へ赴いた可能性も十分にある。

如信の妻は覚信尼《かくしんに》の娘光玉《こうぎょく》であった。それもあってか、如信は、東国下向後も覚信尼と連絡を取り合っていた。如信が覚信尼に宛てた建治三年（一二七七）一一月一日付の文書《もんじょ》（「びわ女《おんな》預状《あずかりじょう》」）からは、交流の様がほの見える。覚信尼は、如信に一六歳の「びわ」という女性を下女として預けた。如信はこれに対して、「いつでもご用がおありの時にはびわ女をすぐにお返しいたします。もし私が死んだとしても、あとに残った妻も弟子たちも知っていることでございますから、お尋ねになってお取り返しください」と約束している。覚信尼は、東国での如信や光玉の生活を案じたために下女を貸したのであろう。如信と覚信尼は、良好な関係を保っていたようである。

のちに大谷廟堂《おおたにびょうどう》を本願寺《ほんがんじ》として寺院化した覚如《かくにょ》（一二七〇―一三五一）は、弘安一〇年（一二八七）、一八歳の時に如信から教えを受けている。『慕帰絵詞《ぼきえことば》』第三巻には、覚如が「東山《ひがしやま》の如信上人《しょうにん》と申し賢哲《けんてつ》」に会って、釈迦や阿弥陀についての教えや他力信心による往生に関する教えを受けたとある。陸奥《むつ》国大網《おおあみ》東山に居を構えていた如信は、はるばる上京し、覚如に教えを説いたのであった。なお、大網東山の場所については、福島県石川《いしかわ》郡古殿町《ふるどのまち》とする説と福島県西白河《にししらかわ》郡泉崎《いずみざき》村とする二つの説がある。どちらにしても、如信は、東国の門弟たちが主に活動する常陸国や下野国よりもさらに北で活動していたことになる。東国の門弟たちと同じ場所で布教活動をすることによって生じるだろう軋轢《あつれき》を避けたのかもしれない。

のちに、親鸞の曽孫で覚信尼の孫にあたる覚如は、如信から直接に教えを受けた弟子であることを根拠に自身の正統性を主張するようになる。それだからこそ、覚如の伝記絵巻『最須敬重絵詞』では、如信が親鸞のそば近くで長い間にわたって教えを受けよく理解していた、と強調されているのだろう。それにもかかわらず、如信が自身の信仰について書いたものは何一つとして現存していない。

東国での如信の信仰

正応三年（一二九〇）に覚如が東国へ巡見に赴いた時には、如信は東国で善鸞と行動をともにしていた。尊敬してやまない祖父親鸞から義絶された父善鸞。そうではあっても、如信は、老齢の父を見捨てたりなどしなかったのである。すでにこの頃には、善鸞は八〇歳前後となっていた。如信は、『慕帰絵詞』第四巻に善鸞の「真弟如信《しんてい》ひじり（聖）」とされているので、父善鸞の弟子でもあったようである。『慕帰絵詞』では、この他に「如信上人」「如信御房《ごぼう》」と様々な呼び方がされている。

覚如は、如信を師とし、親鸞の他力の教えを正しく継承していたと強調した。そのことと、『慕帰絵詞』で如信を善鸞の弟子の聖だとしていることは、どうにも矛盾する。ところが、『慕帰絵詞』の翌年に作成された『最須敬重絵詞』では、善鸞の弟子だとも聖だとも記されていないのである。『最須敬重絵詞』では、覚如の師が善鸞の弟子の聖では不都合だとの判断の上、このような記述が削除された可能性もあるであろう。

『慕帰絵詞』と『最須敬重絵詞』では、如信の他に、真仏《しんぶつ》が聖と呼ばれている。真仏は、親鸞の有力な門弟の一人であり、善光寺《ぜんこうじ》信仰と関係していた。善光寺信仰は、現世利益を期待する信仰であり、聖が各地を歩くことによって広められた。如信は、呪術にそまり覡《げき》のような振る舞いをしていた善鸞の弟子であるから、「真弟如信ひじり（聖）」と呼ばれたのかもしれない。

正応三年、覚如は、下向の道中であった常陸国「小柿《おがき》ノ山中」で病に倒れた。この時、善鸞は、如信とともに近くに布教に来ていたので、見舞いに立ち寄り、自分の符は病気治療をはじめとする様々なことに効能があるので飲むように、と覚如に渡そうとした。覚如がそれを拒む気配を示したので、覚如の父覚恵《かくえ》は「それそれ」と飲むように促し、如信は傍らで符を善鸞から取りつぎ、すぐに覚如に手渡したのであった。第四章で述べたように、符による治病は、呪術行為である。したがって、親鸞の教えとは大きく異なっているといわざるをえない。善鸞は、呪術の信仰を持っていたのであった。その息子であり弟子でもあったという如信は、善鸞の符を覚如に取りついだとされている。善鸞に反する行動はとりにくかったのであろう。そうではあるものの、如信のとった行動は、彼が呪術を完全否定する立場にはなかったことを示している。

臨終と奇瑞

正応四年（一二九一）、覚如は如信の寿像《じゅぞう》（生前に作る像）を制作した。その裏書《うらがき》には、元亨《げんこう》三年（一三二三）に覚如が補修したことが見え、如信五七歳の時の姿であることや正安《しょうあん》二年（一三〇〇）に六六歳で亡くなったこと、臨終時に数え切れないほどの奇瑞《きずい》があったことが記されている。覚如は、臨終時の奇瑞は、まさしく極楽往生を遂げた証《あかし》だと考えたのであった。

さらに、如信の臨終については、『最須敬重絵詞』第六巻第二二段でも語られている。それによると、正安元年一二月に如信は、陸奥国金沢《かねさわ》（現在の茨城県久慈《くじ》郡大子町《だいごまち》）の門弟乗《じょう》善房《ぜんぼう》の草庵に教えを説くために招かれたという。ところが、滞在中であった翌年正月二日より体調を崩して床《とこ》についてしまう。床でも念仏を怠ることはなく、異香《いこう》が部屋中に満ちて音楽が窓の外から聞こえてきた。そして四日、如信は正念《しょうねん》でついに亡くなったという。この時、近隣に住む人々は「瑞雲《ずいうん》」に驚き、遠方に住む人々は「霊夢《れいむ》」を見てはせ集まった、とされている。

　すなわち如信は、臨終行儀をして亡くなったかのように語り伝えられたことになる。そもそも親鸞は、他力の信心を得たその瞬間に往生が決定するのであり、臨終行儀は自力の行者がすることだと述べていた。また、臨終時の紫雲や異香、音楽などの奇瑞は、平安浄土教で往生の証拠として重要視された事柄である。しかし、親鸞の思想では、そのようなものがあってもなくても、他力の信心を得た行者の往生は確実なはずである。

『最須敬重絵詞』は伝記絵巻なので、覚如やその家族を理想化しがちな性質をもっている。特に、理想化される傾向にある臨終の有り様については必ずしも歴史的事実を正確に記録したものとはいえない。したがって、実際に如信が臨終行儀をしたか否かは不明である。ただし少なくとも、『最須敬重絵詞』を制作した覚如の弟子乗専《じょうせん》は、臨終行儀や奇瑞は往生のために必要なものだと考えていたのである。それだからこそ、このようなことが『最須敬重絵詞』に書き込まれたのであろう。

如信が書いたもので現存しているのは、「びわ女預状」のみである。如信の言を覚如が記録した『口伝鈔《くでんしょう》』はあるものの、そこには覚如の思想が色濃く反映されていると考えられるので、書かれていることをそのまま如信の思想だとするのはいささか危険である。ただし、そうではあるけれども、『口伝鈔』で他力の重要性が強調されている点は看過できない。『慕帰絵詞』でも覚如は如信から他力の信心についての教えを受けた、とされている。如信は、幼少時から親鸞のそば近くで教えを受け、それを覚如に伝えたのであろう。

けれども、如信は善鸞の弟子なので、当然のことながら善鸞の信仰の影響も多分に受けていたはずである。実際のところ、符術による病気治療の折も、そのような治療を否定はせず、符を覚如に手渡したとされている。親鸞の阿弥陀信仰を正しく継承したとされ他力の信心を説いたであろう如信にも、呪術の影が少々見え隠れするのである。

二、曽孫覚如—他力をめぐる揺らぎ—

父覚恵

覚如《かくにょ》の父覚恵《かくえ》（一二四〇頃—一三〇七）は、覚信尼《かくしんに》の長男である。童名《わらわな》は光寿《こうじゅ》といった。父日野広綱《ひのひろつな》を七歳の時に亡くし、のちに比叡山延暦寺の末寺青蓮院門跡《しょうれんいんもんぜき》に入り天台僧となったものの、その後遁世《とんせい》した。『恵信尼文書《えしんにもんじょ》』第一〇通には、覚恵について次のようにある。

又くわうず（光寿）御ぜん（前）のしゆぎやう（修行）にくだる（下）べきとかや、おほせ（仰）られて候しかども、これへはみへ（見）られず候也。

恵信尼は、覚恵が修行のために京都から下ってくるとの知らせを受け、楽しみにしていたのだろう。ところが覚恵は、待てど暮らせど一向に現れず、恵信尼をがっかりさせている。遁世後の覚恵は、修行にいそしむ生活をしており、他力の信仰を持ってはいなかったようである。

『最須敬重絵詞』第一巻には、覚恵の信仰について次のようにある。

聖人《しょうにん》ノ芳言《ほうげん》ヲバ承《うけ》給ナガラ、ヒトヘニ信順《しんじゅん》ノ儀マデハナカリシカバトテ、

覚恵は、幼少の頃より親鸞のそば近くでその教えを受けていたにもかかわらず、ひたすらそれを信じてしたがうということではなかった、とされている。

けれども、そんな頼りない覚恵であったものの、大谷廟堂の留守職《るすしき》を覚信尼から受け継ぎ、

留守職第二代となった。二五歳前後も年下の異父弟唯善《ゆいぜん》が東国で困窮した生活をしていると耳にすると、京に呼び戻して同居させてあげた。しかし結局は、そんな親切心があだとなってしまう。

その後唯善は、大谷廟堂の土地はもともと自分の父小野宮禅念《おのみやぜんねん》が所有していたのだから、実子である自分こそが継承者だと主張した。その上、自分の手元には禅念の譲状《ゆずりじょう》があるといい張り、廟堂の相伝管領を安堵する院宣《いんぜん》(上皇《じょうこう》の命令を、仕える職員である院司《いんじ》が受けて出す奉書《ほうしょ》)まで入手したのである。そうこうするうち、覚恵が重病になると、唯善は廟堂の鍵を譲渡するように強要し、覚恵を大谷から追い出してしまった。結局大谷廟堂をめぐる争いは、覚恵の在世中には解決できず、ようやく長男覚如の代になって覚如側の勝利となる。

覚恵の臨終のあり方を見ていきたい。『最須敬重絵詞』第六巻第二三段によると、死の床には、一念義《いちねんぎ》の僧浄恵《じょうえ》が招かれ、礼讃《らいさん》をした。一念義とは、法然門下の幸西《こうさい》から出てきた説で、一度だけ念仏を称《とな》えればその後はもう称える必要はないとするものであり、礼讃とは、善導《ぜんどう》『往生礼讃《おうじょうらいさん》』の偈文を曲調にのせて詠唱《えいしょう》するものである。

臨終の直前には、覚如の調声《ちょうしょう》のもと、礼讃が始められた。覚恵は臥《ふ》しながら耳をそばだて唇を動かし、時には声に出して詠唱したという。すると、枕元に懸けられていた善導の御影からは、異香が薫ってきた。覚恵は「体を起こしてもらえないだろうか」と頼み、西に向かって威儀を正して座り、念仏を百回穏やかに称えてそのまま息絶えたのであった。臨終時には紫雲がたなびいた。

要するに覚恵も、臨終行儀をして亡くなり奇瑞があった、と語られているのである。病床に善導の御影を懸けることは、法然のために聖覚《せいかく》が病気治療をした時と同じである。このように、『最須敬重絵詞』では、覚恵は法然門下の影響を受けていた人物とされている。

稚児時代の覚如

親鸞の曽孫覚如（一二七〇―一三五一）は、大谷廟堂を寺院化し実質的な開祖となった人物である。覚如は、幼い頃からずば抜けて利発であった。『慕帰絵詞』巻一によると、八歳もしくは九歳の時、天台宗の学僧で遁世した澄海《ちょうかい》のもとで『倶舎論《くしゃろん》』三〇巻を学び、おおかた暗誦できたという。澄海は、一〇歳にもならない子どもが暗誦できたことに大層驚き、「希代の器量かな」と絶賛し、天台宗の秘書『初心鈔《しょしんしょう》』五巻を与えたのであった。一三歳の時、延暦寺の学僧で「山門《さんもん》の碩徳《せきとく》」といわれた宗澄《そうちょう》のもとに入室し天台宗の教学をさらに深く学んでいった。

ところが翌年、利発な美少年で名高かった覚如は、園城寺《おんじょうじ》の浄珍《じょうちん》によって誘拐されてしまう。浄珍は、稚児としてそばに置き、恋人として寵愛したいと思ったのである。さらにその年、興福寺《こうふくじ》一乗院《いちじょういん》の門主信昭《しんしょう》は美麗な覚如の噂に居ても立ってもいられなくなり、覚如の父覚恵に自身の元に入室させるよう、強く所望する。しかし覚恵は、方々の僧侶の元で稚児となることに難色を示し、長々と稚児でいるわけにもいかないとして、申し出を断った。断られた信昭は、僧兵を集めて浄珍から奪取する計画を立てたものの、それを聞きつけた浄珍が軍兵を集めて迎え討とうとしたために、不発に終わった。結局、信昭のすさまじい執念に負けた覚恵は、なるべく早く出家させるという条件のもと、覚如を信昭の室へ行かせたのであった。『慕帰絵詞』では、「あへなく十四歳より侍りつる僧正房《そうじょうぼう》にも、すき《（好）》をくれ《（呉）》たてまつりぬ」と語られているように、稚児であった覚如は信昭の男色《だんしょく》の相手とされたのであった。

それにしても、武力を行使してまで美麗な稚児を奪って恋人にするとは、現代の感覚からすると常軌を逸しているといわざるをえない。しかし、当時、このようなことはしばしばあったのである。本来、僧侶は不淫戒《ふいんかい》を守る必要がある。ところが、実際には守る僧侶は稀であり、むしろ僧侶と稚児の恋愛は公然となされていた。

『慕帰絵詞』は、覚如の伝記絵巻であるから、覚如をたたえるかたちでまとめられている。したがって、稚児時代に、高僧から寵愛を受けたことは、決して不名誉ではなく、かえって自慢の種になるような事柄だったのである。なぜならば、才色兼備で魅力的だったことの証になるからである。

本願寺中心主義

覚如は、一七歳の時に興福寺一乗院で出家得度《しゅっけとくど》し、東大寺《とうだいじ》で受戒《じゅかい》した。一八歳の時に伯父の如信《にょしん》から他力の教えを受けたのち、法然門下証空《しょうぐう》の教えを継承する西山義《せいざんぎ》の彰空《しょうくう》や、一念義の勝縁《しょうえん》からも教えを受けている。要するに覚如は、多様な教えを学んだことになる。

大谷廟堂をめぐる唯善との争いは、ようやく延慶二年（一三〇九）七月に決着がつき、覚如のいい分が通ることになった。敗北した唯善は、なんとしたことか御影と遺骨を奪って東国へと逃げて行った。

唯善との争いは一件落着したものの、まだ問題は残っていた。覚如の留守職継承の問題である。留守職は、かつて覚信尼が東国の門弟に約束したように、門弟たちの心に叶う者でないと継承できないことになっていた。そこで覚如は、門弟たちに「十二箇条懇望状《じゅうにかじょうこんもうじょう》」を送り、毎日御影堂での勤めをすることや、田舎の門弟を蔑視《べっし》しないこと、門弟の意思に従うことなどを誓い、もし従わなければ自分を追い出してほしいとまで懇願している。それまでの覚如の門弟への態度は、しばしば批判を受けるものだったのだろう。覚如は、唯善の問題などで親鸞直系への厳しい目があることを意識してか、自分は唯善とは違うのだと強調し、信るようにまで、一向に庇護されたのは、それに対し、世俗の世界で「ずいぶんと下手に出ている」ことには依然として難色を示す門弟もおり、継承問題は難航したものの、延慶三年、ようやく認められ、第三代留守職となったのである。

大谷廟堂は、いつの頃からか、天台宗寺院である妙香院《みょうこういん》を本所《ほんじょ》（名義上の所有者）とし、その管理・庇護のもとにあった。覚如は積極的に顕密《けんみつ》諸宗や法然門下との交流を続け、さらには権門勢家《けんもんせいか》との結びつきも得ていった。それとともに大谷廟堂の社会的位置づけも高まっていったのだろう。ついに大谷廟堂は、覚如の手によって寺院化されることになった。正和《しょうわ》元年（一三一二）、専修寺《せんじゅじ》と称したが、かつて「一向専修《いっこうせんじゅ》」は停止させられたのであるから不適切だとする延暦寺からの抗議によって、寺号を改めざるをえなくなった。本願寺と称した時期は、おおよそ正和元年からまもない頃だと考えられる（本願寺史料研究所編『増補改訂本願寺史』）。

この時代には、いまだ浄土宗でさえ一つの宗派として認められていなかった。浄土真宗に関してはいわずもがなである。これらは、あくまでも天台宗の寓宗《ぐうしゅう》だったのである。寓宗とは、公式には認知されていない仮の一派である。そこで覚如は、親鸞の信仰の独自性を、信心による往生を強調するかたちで主張し、本願寺を中心に真宗教団を統率しようとした。親鸞を「本願寺聖人《ほんがんじしょうにん》」と称し、本願寺中心主義を強く主張するようになっていったのである。覚如は、聖徳太子や法然を帰依の対象とするのではなく、阿弥陀仏を帰依の対象とするべきだとした。さらには、親鸞を阿弥陀仏の化身と見なして直接的な帰依の対象とした上で、親鸞に「聖人」という敬称を付けたのであった。それまでは、「上人」とするのが一般的だったので、それ以前よりも親鸞を高めるかたちをとったことになる。「上人」よりも「聖人」のほうが、一段上の尊称だったのである。

また、親鸞の思想の正統を受け継ぐのは覚如であり、本願寺であることを強く示すようになる。覚如は自身の正統性について、元徳《げんとく》三年（一三三一）の『口伝鈔』では親鸞―如信―覚如と正しく教えが継承されていったとする三代伝持《さんだいでんじ》を主張し、建武《けんむ》四年（一三三七）の

親鸞・如信・覚如三上人像（西本願寺所蔵）

『改邪鈔《がいじゃしょう》』では、法然―親鸞―如信の三代伝持を示した。つまり覚如は、法然―親鸞―如信―覚如と、正しい教えが伝えられたと主張したことになる。『改邪鈔』では、本願寺以外の「草堂《そうどう》」を「本所」として親鸞の本廟である本願寺に参詣しない輩《ともがら》に批判を加えている。覚如は、三代伝持を強調して自身の立場を確固たるものとし、本願寺中心の真宗教団を作ろうとしたのである。覚如が如信の教えを受けたことを強く主張した理由の一つには、東国の門弟からの支持を得ようとしたことがあるのだろう。

けれども、覚如は、東国の門弟からの評判がすこぶる悪かった。それもあって、本願寺を中心とした教団を作ろうという計画も、門弟からの反発を大いに買ってしまい、成功したとはいいがたい。かえって門弟らは、覚如の意図とは反対に、それぞれの血脈系譜を作り上げ、個々に教団化していくことになる。本願寺が浄土真宗教団の中心となるのは、蓮如の代になってからである。

教説と信仰の差

覚如は、自身が親鸞の教えを正しく継承していると強く主張した。著作の中で、他力の信心を得てこそ極楽往生できると強調し、親鸞と同様に、臨終時を特別な時とは見なさず、奇瑞の有無も問題ではないとしたのである。さらに、親鸞の教えを継承して、信を得たその瞬間に極楽往生が定まるとも説いている。

では、著作での教説はともかくとして、実際の信仰はどのようなものだったのだろうか。門弟らへの布教のために執筆した書物に書いた事柄と、実際の信仰とは分けて考えるべきなのではないだろうか。なぜならば、覚如には、他力信心の重要性について説きながらも従来の阿弥陀信仰の影響を受けていた形跡があるからである。

たとえば『慕帰絵詞』巻八第一段には、大原《おおはら》の往生極楽院《おうじょうごくらくいん》で行われた迎講《むかえこう》に結縁《けちえん》のために赴いた様子が描かれている。迎講とは、阿弥陀仏が来迎する様を演じる法会である。迎講へ結縁に来た人々は、阿弥陀仏が来迎する様子を目に焼き付け、観想念仏の一助としようとしたのであった。

さらに覚如は、追善供養《ついぜんくよう》を積極的に行っていた。『最須敬重絵詞』第六巻第二二段によると、師如信の死を知った日を忌日とし、京都で一周忌と三周忌の追善供養を執り行ったという。さらに一三回忌には、如信の終焉《しゅうえん》の地である陸奥国金沢や大網まで前年からわざわざ足を運び、追善供養をしている。三三回忌にも、金沢や大網に赴き、追善供養を修した。追善供養を手厚く行ったのは、敬慕していたからに他ならないが、自身をその継承者として位置づけて門弟らに示す意図もあったことだろう。しかし、そもそも追善供養は自力の行である。親鸞は、追善供養を否定していたのではなかっただろうか。

また、神祇《じんぎ》への姿勢も親鸞と覚如では異なる。親鸞は、神祇不拝を提唱した。一方、覚如は、『親鸞伝絵』では、常陸国に住む親鸞門弟の平太郎《へいたろう》が熊野《くまの》に参詣する話をあえて挿入している。内容は次のとおりである。

平太郎が親鸞に「他力信心の教えを受けているにもかかわらず、神を祀る熊野神社へ参詣してもよいものでしょうか」と尋ねたところ、親鸞は、熊野権現は阿弥陀仏の垂《すい》迹《じゃく》だとし、「阿弥陀仏は、どのようなことでも願いを叶えてくれる権現さまの姿となって私たちの前に現れてくださっているのです。権現さまは、多くの人々と縁を結び阿弥陀仏のもとへと導いてくれるためにいらっしゃるのです。ただし、お祈りすれば願いごとを叶えていただけるなどと願ってはなりませんよ」と答えた、とされている。それによって、平太郎は熊野に参詣することにした。熊野に到着した夜のこと、平太郎は夢を見た。熊野本宮《ほんぐう》の本社証誠殿《しょうじょうでん》の扉の中から正装した人が現れ、「お前は私を軽んじて汚れた身なりをして参詣したのか」と、精進潔斎《しょうじんけっさい》もせずに参詣したことを咎《とが》めた。その時、親鸞がどこからともなく現れ、「彼は私の教えによって念仏する者です」と告げたところ、その正装した人は手の笏《しゃく》を正し深々と礼をしたのであった。

要するに、熊野権現が親鸞に敬服した話となっている。覚如は、神祇不拝とは異なる考えを持っていたからこそ、このような逸話を挿入したのである。では、覚如は、本当に神に現世利益を願わなかったのだろうか。

『慕帰絵詞』巻七には、歌の才能に秀でた覚如らしい逸話がある。覚如は、和歌の神を祀る社として名高い紀伊《きい》国和歌浦《わかのうら》の玉津嶋社《たまつしましゃ》へ一人で参詣し、法施《ほうせ》を捧げて詠吟した、とされている。ここには、玉津嶋明神の垂迹のしるしとされた大きな松の古木の前で和歌の上達を願ってひざまずき深々と礼拝する覚如の姿が描かれている。つまり、神に現世利益を願ったことになるだろう。覚如の歌は、玉津嶋明神を崇敬するかたちで詠んだものである。ちなみに、次の歌にある「玉津嶋姫」とは、玉津嶋明神として信仰されていた衣通姫《そとおりひめ》のことである。

和歌浦
わすれじなわかのうら波立かへり心をよせし玉つしま姫
（忘れないであろうよ。和歌浦の波が打ち寄せてはかえすように、また私はここへ帰ってきます。これまで思いをかけてきた玉津嶋姫よ）

これによれば、覚如は、他力の教えを説きながらも、実際には神も信仰し、その上、現世利益を願っていたことになる。
さらに、『慕帰絵詞』巻七によると、覚如は自分の祖先が藤原氏であることを理由に、氏《うじ》神《がみ》を祀る春日社《かすがしゃ》に参拝するために南都へ下向した。南都に着くと、まず「寺々社々」に巡礼したという。『慕帰絵詞』には、東大寺の本尊盧舎那仏《るしゃなぶつ》に礼拝する様が描かれている。盧舎那仏とは、『華厳経《けごんきょう》』に説かれる仏である。『慕帰絵詞』によると覚如は、神のほか、阿弥陀仏以外の仏菩薩も礼拝の対象としていたことになる。
さらに、覚如の長男存覚《ぞんかく》の口述を存覚の四男綱厳《こうごん》が筆録した『存覚一期記《ぞんかくいちごき》』文保《ぶんぽう》元年（一三一七）条には、次のようにある。

大上御夫婦・予《よ》・奈有《なう》、密々に天王寺《てんのうじ》・住吉《すみよし》等へ参詣す。

「大上御夫婦」とは覚如とその妻のことであり、「予・奈有」は、存覚とその妻奈有を指す。彼らは、こっそりと天王寺と住吉社などへ参詣したのである。なぜこっそりと参詣しなくてはならなかったかというと、いずれも阿弥陀仏を本尊とはしておらず、参詣すること自体が親鸞の教えから外れてしまうことを自覚していたからではないだろうか。門弟向けに教示する内容と実際の信仰とは、また別であったということである。

このように覚如は、神に現世利益を祈願したり、神社や阿弥陀仏以外の仏を本尊とする寺に参拝したりしていたと考えられる。親鸞の他力の教えを頭では理解した上で、若干の後ろめたさや矛盾を感じながら、阿弥陀仏以外の仏や神のもとへも赴き、種々の祈願をしていたのであろう。

病気治療に対する考え方

覚如は、他力に徹するべきであるとし、自力の行為を否定した。では、自力の行為をどの程度否定していたのであろうか。病気治療に対する考え方をもとに検討していきたい。

親鸞は病に倒れた時、治療を拒否した。実際には病床時に不覚にも『無量寿経《むりょうじゅきょう》』の読誦《どくじゅ》をしてしまったものの、そのような自力への執着を否定する考えを持っていたのである。では、覚如はどうであろうか。『最須敬重絵詞』第五巻第一七段には、覚如が善鸞の符による治療を拒否した話が見える。善鸞が帰ったあと、覚恵は「なぜ符を飲まなかったのか」と尋ねた。すると覚如は、次のように答えた。

> 念仏者が鬼やモノノケによる病を患うのは本意ではなく、もしそうであるならば信心が足りないからなのです。（中略）もし、風寒による病気であれば良薬によって治すべき

です。もし疫神のもたらした疫病であるのならば、仏力によって屈伏させるべきです。どうして、最も優れている名号をたもっていながら浅はかで人を惑わす呪術を用いるでしょうか。

覚如は病気の原因によって治療法は異なると考えており、薬で治すべき場合もあれば、仏の力によって病気をもたらした疫神を退治すべき場合もあるとしたのである。仏の力によって屈伏させる方法としては、加持や修法、経典読誦などがある。ただし、これらの方法による病気治療は自力の行為となる。つまり覚如は、自力による病気治療を肯定したのである。しかしその一方で、覚如は善鸞の符術については、浅はかな呪術だと軽視している。なぜ、符術による治病は否定し、加持や修法による調伏は肯定したのであろうか。これに関しては、符術を用いた主な階層に問題があるように思われる。符術は、主に庶民の病気治療の手段だったのである。覚如は、上級貴族とのつながりを大切にし、貴族的な意識を持っていた。符術を否定した理由とは、このようなことなのではないだろうか。実際のところ、『最須敬重絵詞』第五巻第二三段では、覚恵が重い病に倒れた時、覚如が「種々ノ療養ヲクハ（加）ヘラレケルモ指《さし》タル験《げん》」がなかった、とされている。「験」がなかったとあるからには、「種々ノ療養」には、様々な祈禱も含まれていたことであろう。要するに覚如は、符術による病気治療は拒否したものの、自力による病気治療そのものは否定していなかったのである。

他力の難しさ

前述したように、覚如は門弟向けに書いた『口伝鈔』や『改邪鈔』などでは、他力に徹する必要性を強調している。しかし、実際には、他力に徹することができる者は多くはなかったようである。『口伝鈔』「凡夫《ぼんぶ》往生の事」にある覚如の嘆きをみてもらいたい。

> 聖道《しょうどう》の性相《しょうぞう》世《よ》に流布するを、なに《（何）》となく耳にふれ《（触）》ならひたるゆへ《（故）》歟《か》、おほく《（多）》これにふせ《（防）》がれて真宗別途の他力をうたがふ《（疑）》こと、かつは無明《むみょう》に痴惑《ちわく》せられたるゆへ《（故）》なり、かつは明師《めいし》にあはざるがいたす《（致）》ところなり。

自力による悟りを説く聖道門の教えがなんとなく広まっているからか、多くの場合その「常識」に妨害されて真宗独自の他力の教えは疑われがちである、と嘆息している。その理由については、無知に惑わされていることと、正しい浄土の教えをよく心得た師に遇わなかったためである、と分析している。

しかし、このように他力の教えが世に広まらないことを嘆くものの、嘆いている覚如自身も必ずしも従来の阿弥陀信仰と決別してはいなかったのであった。

臨終

覚如は、その著作『執持鈔《しゅうじしょう》』で、臨終の有り様は、宿業《しゅくごう》によってすでに決まっていると述べている。覚如のこのような考えは、死の床でも揺るがなかったようである。

観応《かんのう》二年（一三五一）正月一七日、体調を崩した。『最須敬重絵詞』第七巻第二七段によると、老齢の覚如は自身の死を自覚し、余言を交えずにひたすら報謝《ほうしゃ》の念仏を称えた。寿命は宿業によって決まっているとして、医師の治療を拒み薬も受け付けなかった。

ただし、覚如の最期については、次のように語られている。

トヲク《（遠）》ハ大覚世尊《だいかくせそん》入涅槃《にゅうねはん》ノ儀式ヲマモリ、チカク《（近）》ハ両祖聖人入滅ノ作法ニ順ジテ、頭《ず》北面西右脇《ほくめんさいうきょう》ニフシ《（臥）》、意念口称《いねんくしょう》カハルガハルアヒタスケ《（助）》テ、相続称名ノ息ヒトタビ《（一度）》トドマリ、本尊瞻仰《せんごう》ノマナコ《（眼）》ナガク《（永）》閉《とじ》タマヒニケリ。

これによると、覚如は、釈迦や法然、親鸞の入滅の作法にならって、頭を北に、面を西に向けて念仏を称えながら入滅したことになる。さらに、周囲の者たちは臨終正念で念仏を称えられるように助けた、とされている。

まさしくこれは、『往生要集』の臨終行儀そのものではないか。覚如は、他力の信心を得たその時に極楽往生が定まると強調していたはずである。『最須敬重絵詞』にはこのように語られているものの、実際に覚如がどのようにして入滅したかは不明である。しかし、かつて覚如が迎講への結縁のために大原まで出向いたとされていたことからすると、あながち作り話ではないのかもしれない。少なくとも『最須敬重絵詞』の制作に携わった門弟乗専《じょうせん》は、臨終のあり方はかくあるべきだと考えたのである。

『慕帰絵詞』巻一〇には、袈裟をまとった覚如が西を向いて入滅した様が描かれている。袈裟を掛けての入滅は、法然の入滅のあり方と一緒である。さらに、詞書《ことばがき》には「発病の日より終焉の時に至《いたる》まで始中終《しちゅうじゅう》三ケ日がほど、蒼天《そうてん》を望《のぞむ》に紫雲を拝《はい》するよし、所々より告しめす」とあり、見事な紫雲が描きこまれている。そもそも覚如は、奇瑞の有無は極楽往生に関係ないとしていたのではなかっただろうか。これでは平安浄土教となんら変わるところがないではないか。依然として往生の可否と奇瑞の有無を関連づけて捉える風潮は根強かったのである。

三、玄孫存覚―表の顔と裏の顔―

二度にわたる義絶

覚如の長男存覚《ぞんかく》（一二九〇―一三七三）は、のちに存如《ぞんにょ》（一三九六―一四五七。蓮如《れんにょ》の父で、本願寺第七世）から「大谷本願寺親鸞上人之御流之正理《しょうり》也」と、親鸞の正しい流れを受け継いでいると高く評価され、蓮如（一四一五―九九）からは「存覚は大勢至《だいせいし》の化身《けしん》なり」とされるなど、のちの浄土真宗教団から非常に重んじられた人物である。

存覚は、東大寺で出家受戒《しゅっけじゅかい》ののち、興福寺で学び、嘉元《かげん》二年（一三〇四）には延暦寺で再び受戒している。その後は、法然門下の西山義《せいざんぎ》の彰空《しょうくう》や、真言宗寺院の毘沙門谷証聞院《びしゃもんだにしょうもんいん》の観高《かんこう》に師事した。聖道門《しょうどうもん》の世界を知った存覚は、延慶三年（一三一〇）、大谷の覚如のもとに帰還することとなる。

親鸞の子孫の多くは、顕密寺院で出家受戒し自力の教えである聖道門を学んだのちに、他力の浄土門へと入っている。その理由は、仏教の基本や聖道門の教えを学んだ上で浄土門に入れば、日本の仏教全体を見渡すこともでき、さらには浄土門への理解も深まるとされたためなのであろう。

正和三年（一三一四）、覚如は、固辞する存覚に、なかば強要するかたちで留守職を譲った。ところが、元亨二年（一三二二）、口論により義絶して留守職を取り上げてしまう。口論の内容は不明だが、覚如が本願寺を頂点とした教団を作ろうとして門弟から不興を買っていたのに対し、存覚はそうではなく東国の門弟らを立てたために人気を得ていたことと関係しているのかもしれない。さらに、覚如が念仏よりも信心を重視したのに対し、存覚はどちらかというと念仏を重んじていた。存覚は、法然に近い信仰を持ち、親鸞の独自性もさほど強調しなかった。このような相違も、両者の確執を深めるきっかけとなったのだろう。義絶された存覚は、門弟からのとりなしによって、暦応《りゃくおう》元年（一三三八）に義絶を解かれるが、その後も覚如からの信頼を得ることはなく、二度と留守職を譲られなかった。

覚如は、存覚が東国の門弟から絶大な信頼を得ていたので警戒したのであろう。康永元年（一三四二）、またもや存覚を義絶する。本願寺を中心とした教団を作り統率しようと試みる覚如からすれば、存覚は邪魔者だったのであろう。結局、方々からの斡旋《あっせん》により、観応元年（一三五〇）に二度目の義絶を解くものの、その時には覚如は八一歳、存覚は六一歳となっていた。なんとも不幸な親子関係である。

「親鸞聖人ノ一流」としての教説

それでは、のちの浄土真宗教団から碩学《せきがく》として重んじられ、東国の門弟からの信頼を集めた存覚は、どのような教えを説き、いかなる信仰を持っていたのだろうか。存覚は、親鸞と同様に末法《まっぽう》を意識し、末法の世であるからこそ、「念仏往生ノ一門」がふさわしく、他の信仰によって悟りに至るのは困難だ、とした（『持名鈔《じみょうしょう》』）。存覚は、その著作中で念仏を重視する傾向にあるものの、決して信心を軽んじてはいない。たとえば、元亨四年（一三二四）に仏光寺《ぶっこうじ》の了源《りょうげん》の求めに応じて書いた『浄土真要鈔《じょうどしんようしょう》』では、次のように述べている。

> 親鸞聖人ノ一流ニヲイテハ平生業成《へいぜいごうじょう》ノ義ニシテ臨終往生ノノゾミ（望）ヲ本トセズ、不来迎《ふらいごう》ノ談ニシテ来迎ノ義ヲ執セズ。タダシ平生業成トイフハ平生ニ仏法ニアフ（遭）機ニトリテノコトナリ。モシ臨終ニ法ニアハ（遭）バソノ機ハ臨終ニ往生スベシ。平生ヲイハズ臨終ヲイハズ、タダ信心ヲウ（得）ルトキ往生スナハチサダ（定）マルトナリ。コレヲ即得往生《そくとくおうじょう》トイフ。

親鸞の流派では、臨終を特別な時だとは見なさないとし、臨終行儀を否定している。もっぱら、信心を得たその時に往生が定まるのだ、としているのである。さらに、『浄土真要鈔』には、次のようにもある。

世ノナカニヒロマレル諸流、ミナ臨終ヲイノリ来迎ヲ期ス、コレヲ期セザルハヒトリワガイヘナリ。シカルアヒダ、コレヲキクモノハホトホトミミヲオドロカシ、コレヲソネムモノハ、ハナハダアザケリヲナス。シカレバタヤスクコノ義ヲ談ズベカラズ、他人謗法《ほうぼう》ノツミヲマネカザランガタメナリ。

世の中に広まっている仏教の教えでは、皆、臨終行儀をして阿弥陀仏の来迎を期待する。臨終行儀をしないのは親鸞の教えを伝える私たちだけである、としている。そうであるからこそ、臨終行儀を否定する教えを聴く人々は非常に驚き、嫉む者は馬鹿にしたように頻りに悪口をいう。それゆえ、他人に謗法の罪を犯させないようにするため、安易に臨終行儀の否定について語ってはいけない、としている。存覚は、なかなか受け入れられにくかった、親鸞の臨終行儀を否定する思想も、よく理解していた。

ちなみに『浄土真要鈔』には、辺地往生《へんじおうじょう》についても記されており、親鸞の教えでは「他力信心の行人」は真の極楽浄土へ往生できるが、「諸行ノ行人」は仮の浄土に往生せざるをえないとし、真の極楽浄土への往生には他力の信心が不可欠である、と説いている。存覚は、後年に至るまで、他力の信心の重要性を著作の中で述べ続けていった。

『浄土真要鈔』を執筆した時は、ちょうど一度目の義絶を受けた二年後にあたる。義絶され留守職を取り上げられても、自身が「親鸞聖人ノ一流」に属するという意識は堅固に持ち続けていたのであった。『浄土真要鈔』では自分の立場について次のように語っている。

ワガ《（我）》親鸞聖人ノ一義ハ、凡夫ノマメヤカニ生死ヲハナル《（離）》ベキヲシヘ《（教）》、衆生ノスミヤカニ《（速）》往生ヲトグ《（遂）》ベキススメナリ。（中略）ワレラ《（我等）》サヒハヒ《（幸）》ニ、ソノナガレ《（流）》ヲクミ《（汲）》テモハラ《（専）》カ《（彼）》ノヲシヘ《（教）》ヲマモル《（守）》。宿因ノモヨホス《（催）》トコロ、ヨロコブ《（喜）》ベシタウトム《（尊）》ベシ。

存覚は、親鸞の流れを汲むことを幸いであるとし、親鸞の流れを汲む者の一人として、その教えを守る役割を担っているという自意識を持っていたのである。これは前世の因縁によることであり、喜ぶべきであり尊ぶべきである、と感慨を綴っている。

従来の阿弥陀信仰への傾倒

では、はたして存覚は他力に徹していたのであろうか。存覚が生を享けた時代は、呪術としての従来の阿弥陀信仰が一般的であった。存覚もそれをよく知っており、「一向専修《いっこうせんじゅ》」になる者はきわめて稀であり、難中の難であると、経文をもとに述べている（『持名鈔』）。とところが、実は、このように嘆く存覚の著作中にも、親鸞の他力の教えとは異なることが見える。

たとえば、元亨四年（一三二四）の『持名鈔』には、天竺《てんじく》で疫病が流行した時に阿弥陀仏を念じ、阿弥陀仏、観音菩薩《かんのんぼさつ》、勢至菩薩《せいしぼさつ》の三尊が来た話が見える。三尊が来たことによって疫神《えきじん》は逃げ去り、国中の病がすぐになくなったとのことである。この三尊は像にされており、それが今の善光寺如来《ぜんこうじにょらい》だとある。

ここで説かれている念仏は、まさしく従来の阿弥陀信仰の、いわゆる呪術の念仏である。それに、存覚は、善光寺如来の霊験を語ってもいる。善光寺信仰は現世利益を期待する信仰である。このような逸話を『持名鈔』に挿入した理由は、存覚が善光寺信仰と少なからず関係を持っていたからに他ならない。

さらに存覚の教説を見ていきたい。元亨四年の著作『破邪顕正鈔《はじゃけんしょうしょう》』では、次のように述べている。

国土ヲオサメ（治）マシマス明主《めいしゅ》、ミナ（皆）仏法紹隆《ぶっぽうしょうりゅう》ノ御願ヲモハラ（専）ニセラレ、聖道トイヒ浄土トイヒ、仏教ヲ学スル諸僧、カタジケナク（忝）天下安穏ノ祈請ヲイタシ（致）タテマツ（奉）ル。一向専念ノトモガラ（輩）、ナンゾ（何）コノコト（理）ハリヲワスレ（忘）ンヤ。

聖道門であっても浄土門であっても、仏教を学ぶ僧侶はいずれも天下安穏のための祈請をするのであり、一向専修の輩がなぜこの道理を忘れることがあろうか、としている。そうであるのならば、浄土門の者も天下安穏の祈請を担うことになるだろう。

その上、存覚は、父覚如と同様、追善供養を重んじた。暦応元年（一三三八）の著作『報《ほう》恩記《おんき》』では、追善供養は孝養《きょうよう》となるという考えをしたためている。

ただし存覚は、『持名鈔』で、かつて最澄《さいちょう》が日照りや多雨、病の流行、戦乱が起きた時、七難消滅《しちなんしょうめつ》の法には念仏に勝るものはないと述べたとして、次のように述べている。

タダシコレハタダ念仏ノ利益《りやく》ノ現当《げんとう》ヲカネ（兼）タルコトヲアラハ（表）スナリ。シカリトイヘドモ、マメヤカニ浄土ヲモト（求）メ往生ヲネガ（欣）ハンヒト（人）ハコノ念仏ヲモテ現世ノイノ（祈）リトハオモ（思）フベカラズ、タダヒトスヂ（一筋）ニ出離生死《しゅつりしょうじ》ノタメニ念仏ヲ行ズレバ、ハカラ（図）ザルニ今生《こんじょう》ノ祈《き》禱《とう》トモナルナリ。

現世利益のための念仏は否定し、ひたすら極楽往生のために念仏をすれば、意図しなくても現世利益のための祈禱にもなる、という主張を展開している。

多くの人間が宗教に求めることは、現世利益である。「とにもかくにも、今受けていることの苦しみを除いてほしい。快適に暮らしたい」。このような願望は、どの時代に生きる人間も共通して持っているものである。存覚は、現世利益のための念仏はいけないとしているものの、前述したように、病気平癒のために念仏をし、疫神が追い払われた逸話も入れている。つまりは、現世利益のための念仏を一貫して否定してはいないのである。このような矛盾が生じた理由は、「親鸞聖人ノ一流」として呪術の念仏を否定しなくてはいけない立場にあったものの、実際には必ずしもそうではない信仰を持っていたことによるのではないだろうか。

『存覚一期記』

『存覚一期記《ぞんかくいちごき》』からは、その信仰をうかがい知ることができる。七二歳までの箇所は存覚の言の筆録であり、それよりのちの箇所は綱厳《こうごん》による加筆である。

まず、一五歳の時の記事に着目したい。存覚は、幼少時、邪気《じやけ》（モノノケ）による病に大層苦しんだ。そこで、青蓮院《しょうれんいん》の院家心性院《いんげしんしょういん》の僧正経恵《そうじょうきょうえ》が天台宗の中興《ちゅうこう》の祖慈恵大師《じえだいし》良源《りょうげん》の御影を懸けて加持をしたところ、すっかり良くなったために、経恵のもとに弟子入りする約束を交わした、とある。加持によるモノノケの調伏《ちょうぶく》は、自力による病気治療である。もしこのような治療のあり方を存覚が否定していたのであれば、わざわざ『存覚一期記』に載せられはしなかったであろう。

存覚は、仏光寺《ぶっこうじ》の了源《りょうげん》の求めに応じて、神祇への立場を示すために元亨四年（一三二四）に『諸神本懐集《しょしんほんかいしゅう》』を著しており、そこでは本地垂迹《ほんじすいじゃく》説に基づいて次のような見解を示している。ちなみに、本地垂迹説とは、仏を本地、神を垂迹と見なし、仏はこの世の人間を救うために神という仮の姿をとって現れた、とする説である。

> フカク《（深）》本地ヲアガム《（崇）》ルモノ《（者）》ハ、カナラズ《（必）》垂迹ニ帰スルコトハリ《（理）》アリ。本ヨリタ《（垂）》ルル迹《あと》ナルガユ《（故）》ヘナリ。ヒトヘニ垂迹ヲタフトブ《（尊）》モノ《（者）》ハ、イマダカナラズ《（必）》シモ本地ニ帰スルイヒナシ、迹ヨリ本ヲタレ《（垂）》ザルガユ《（故）》ヘナリ。コノユ《（故）》ヘニ垂迹ノ神明ニ帰セントオモ《（思）》ハバタダ本地ノ仏陀ニ帰スベキナリ。（中略）諸仏ミナ《（皆）》弥陀ノ分身ナリトキコ《（聞）》ヘタリ。シカレバ本仏ノ弥陀ニ帰センヒト《（人）》分身ノ諸仏ニ帰スルコトハリ《（理）》イ《（言）》ハザルニ顕然ナリ。コノユ《（故）》ヘニ垂迹ノ仏菩薩ノ御ココロ《（心）》ニカナ《（叶）》ハントオモ《（思）》ハバ本地ノ仏菩薩ヲ信ズベシ、本地ノ仏菩薩ノ御ココロ《（心）》ニカナ《（叶）》ハントオモ《（思）》ハバ本仏ノ弥陀ニ帰シタテマツ《（奉）》ルベシ。弥陀ニ帰スレバ三世ノ諸仏モヨロコ《（喜）》ビヲナシテコレヲマモ《（護）》リ、十方ノ菩薩モヱミ《（笑）》ヲフク《（含）》ミテツネ《（常）》ニタ《（立）》チソ《（添）》ヒタマフ。本地ノ諸仏菩薩擁護シタマヘバ垂迹ノ諸仏マタ納受ヲタレ《（垂）》タマフナリ。コノユ《（故）》ヘニ処々ノ神明等念仏ノヒト《（人）》ヲ護念シ念仏ノ功徳ヲ愛楽シタマフコトソノタメシ《（例）》オホ《（多）》

クキ（聞）コユ。

神は、この世に現れた仏の仮の姿である。そうであるから、本地に帰依すれば垂迹に帰依したことにもなる。しかし、垂迹に帰依するのであれば、必ずしも本地に帰依したことにはならない。それだから、本地の仏にこそ帰依すべきである、としている。また、諸々の仏は阿弥陀仏の分身であるから、本地の阿弥陀仏に帰依すれば分身の諸仏にも帰依したことになる。したがって、阿弥陀仏に帰依すれば諸仏や神も守護してくれるのだという。

要するに存覚は、阿弥陀仏に帰依すれば、他の仏菩薩や神にも帰依することになるのだから、わざわざ阿弥陀仏以外の仏や神を拝む必要はない、と説いたことになる。親鸞の神祇不拝の思想を継承し、それを教示したものだといえよう。

ところが前述したように、存覚は、覚如とともに「密々」に観音を本尊とする天王寺や神を祀る住吉社に参詣している。存覚に関しても、教説と実際の行動とは必ずしも一致しない。やはりこの二つは、分けて考えるべきである。

実は、存覚は、聖道門の影響を強く受けた信仰を持っていた。『存覚一期記』元亨二年条には、天下泰平や国家安穏を祈願するために宮中で行われる最勝講《さいしょうこう》の表白文《ひょうびゃくもん》を書いている。さらに、正中《しょうちゅう》元年（一三二四）条には、彼岸《ひがん》の中日《ちゅうにち》に聖道門の装束である「鈍色《どんじき》」

「甲袈裟《こうげさ》」で出仕したとある。その上、元徳二年(一三三〇)条には、仏光寺での彼岸中日の供養で導師《どうし》を務めた時について「聖道出仕儀式也」とはっきりと書かれている。存覚は、教説とは裏腹に、自身の聖道門への傾倒について、ことさらに隠しはしなかったのであった。

臨終行儀書の書写

存覚は、親鸞と同様、自身の著作物で臨終行儀を否定した。晩年の著作では、他力の信心を得たその瞬間に極楽往生が定まる、と説いている。ところがそれにもかかわらず、貞治《じょうじ》二年(一三六三)、良忠《りょうちゅう》(一一九九―一二八七)著『看病用心鈔《かんびょうようじんしょう》』を書写しているのである。良忠は、法然の弟子弁長《べんちょう》の後継者であり、混乱を極めていた法然浄土教の統一に尽力した人物である。存覚は、七四歳の高齢になって、自分の死を現実的な問題として受け止め、臨終行儀を気にかけたのだろう。

常楽台本《じょうらくだいぼん》『看病用心鈔』は、存覚を開基とする常楽台(現在の常楽寺)に伝えられた『看病用心鈔』の写本である。常楽台本の奥書には、文和《ぶんな》二年(一三五三)に剛厳が良忠に関係する浄華院《じょうけいん》で書写した本を、その一〇年後に存覚が書写したものだとある。

『看病用心鈔』では、源信の『往生要集』をもとに、一九項目に分けて臨終行儀について説明されている。冒頭では、「往生極楽は、これ一大事の因縁なり、もし知識の慈悲勧誘のちからにあらずよりは、この一大事を成就する事あらむや」とあり、極楽往生を遂げるためには臨終時に臨終行儀のあり方を指導してくれる善知識《ぜんちしき》が必要であるとされている。その上で、病人の部屋を荘厳《しょうごん》し仏の手に五色《ごしき》の幡《はた》をつけてそれを病人に引かせるべきことや、臨終の一念によって極楽往生できるのだから正念で念仏するよう聞かせるべきこと、病人に常に『往生要集』にある十楽《じゅうらく》（極楽浄土に生まれてそこで得られる十の楽しみ）のくだりを読んで心を落ち着かせて念仏を勧めるべきこと、命の尽きるまで念仏を続けさせるべきことなどの注意点が記されている。

存覚は、『看病用心鈔』書写の七年前には、『浄土見聞集《じょうどけんぶんしゅう》』を著し他力の教えに帰依して往生すべきだと説いていた。さらに、『看病用心鈔』を書写した貞治二年には、綱厳に大著『六要鈔《ろくようしょう》』を伝授している。『六要鈔』とは、『教行信証』六巻の注釈書であり、延文《えんぶん》五年（一三六〇）に存覚が門弟らのために執筆したものである。存覚は、親鸞の教えを継承する者として、他力の教えについて説かれている『教行信証』に注釈を施し、のちの人間に伝えようとしたのであった。当然のことながら、臨終行儀書『看病用心鈔』と『六要鈔』では、相いれない内容となっている。ここでも、親鸞の教えを伝える自身の立場と実際の信仰とを分けていたのである。

存覚は、「親鸞聖人ノ一流」としてその教えを守り伝える立場にあることに喜びを抱き、他力の信心について門弟向けの著作物では書いている。ところが、実際の信仰は従来の阿弥陀信仰の影響を非常に強く受けたものだった。賢い存覚は、無意識にではなく意識的にそのようにしていたのであろう。まさに、表の顔と裏の顔を巧みに使い分けていたのである。

臨終

存覚の臨終については、『存覚一期記』応安《おうあん》六年（一三七三）条に、そっけなく次のようにある。

八十四歳同六　二月廿八日御往生

ここには、応安六年二月二八日に八四歳で往生したと書かれているのみである。臨終行儀や奇瑞についての記述は一切ないので、どのように自身の死に臨んだのかは分からない。そうではあるものの、入滅の約一〇年前から、いかに死の時を迎えるべきかを模索していたことは間違いないだろう。

第六章　浄土真宗教団の確立——蓮如とその後

一、指導者蓮如

生い立ち

蓮如《れんにょ》（一四一五—九九）は、本願寺第七世存如《ぞんにょ》の長男としてこの世に生を享けた。と書くと、さぞかし裕福な家に生まれ、何不自由のない幼少時代だったと思われるだろう。ところが、蓮如生誕時の本願寺は、同じ親鸞門流の仏光寺や専修寺の繁栄とは裏腹に、さびれていたようである。その様は、『本福寺由来記《ほんぷくじゆらいき》』に「人セキタヘテ、参詣ノ人一人モミ（見）エサセタマハズ、サビサビトスミテオハシマス」と書かれている。

おまけに蓮如の母は、第六世の祖父巧如《ぎょうにょ》の召使であり、正妻ではなかった。六歳の時、生母は蓮如の寿像《じゅぞう》（生前につくる肖像）を抱え、我が子が眠っている間にこっそりと本願寺から去ったのであった。その理由は、存如が室町幕府奉公衆《ほうこうしゅう》の海老名《えびな》氏の娘如円《にょえん》を正妻として迎えることになったからである。母は、それ以上、本願寺にはいられなくなってしまった。その後、蓮如は、継母如円から冷たくあしらわれ、実に寂しい少年時代を過ごすことになるのであった（『実悟記《じつごき》』）。

貧窮の中の学び

一七歳の時、日野氏一族の広橋兼郷《ひろはしかねさと》の猶子《ゆうし》となり、天台宗の青蓮院門跡《しょうれんいんもんぜき》で出家得度《しゅっけとくど》し天台僧となった。そののち、本願寺に戻り、二七歳頃に最初の結婚をしたものの、妻如了は、長男順如《じゅんにょ》をはじめとして四男三女をもうけて没してしまった。その後、蓮如は二番目の妻蓮祐との間に三男七女、三番目の妻如勝との間に一女、四番目の妻宗如との間に一男一女、五番目の妻蓮能とは五男二女ももうけた。つまりは、五回の結婚で一三男一四女をもうけたことになる。末子は、なんと八四歳の時の子であった。

本願寺の発展以前の蓮如の生活は、すこぶる貧しかったと伝えられている。子どもに食事を満足に摂らせることもできない。致し方なく、長男順如だけを手元に残し、それ以外の子どもについては次々と里子に出さざるをえなかった。それでもなおギリギリの生活であり、一人分の汁物を水で薄めて三人で飲むこともあり、悪くすると何も食べられない日もあったという（『蓮淳記《れんじゅんき》』）。

ただし、本願寺では、この頃、阿弥陀堂と御影堂の建立途中であった。それゆえ、単に貧しかったということではなく、建立の資金繰りに苦慮していたために貧しかったと考えられる。その上、本願寺代々は、公家である日野氏の猶子となり、青蓮院門跡で出家得度する習慣があった。蓮如の貧しさと庶民のそれとはレベルの違うものだったのだろう。そうではあるものの、順如以外は里子に出さざるをえない程度には苦しい経済状況であった。食べ物がろくになかったとした蓮如六男の蓮淳の回想も、それほど極端な誇張ではなかったのかもしれない。

蓮如は、貧窮の中、親鸞ゆかりの東国の旧跡を巡見し、親鸞の『教行信証』『三帖和讃』『愚禿鈔《ぐとくしょう》』、覚如《かくにょ》の『口伝鈔《くでんしょう》』、存覚《ぞんかく》の『六要鈔《ろくようしょう》』をはじめとする多数の聖教《しょうぎょう》を書写し、親鸞門流の奥義を精力的に学んだ。

本願寺継職

康正《こうしょう》三年（一四五七）、蓮如四三歳の時、父存如が他界し、その後本願寺を継職した。蓮如は、本願寺代々を「覚如—従覚《じゅうかく》—善如《ぜんにょ》—綽如《しゃくにょ》—巧如《ぎょうにょ》—存如—蓮如」と考えたので、自身の影像の裏書などでは、自分のことを本願寺第七世と称していた。ところが、のちに本願寺を継承した五男実如《じつにょ》が「親鸞—如信《にょしん》—覚如—善如—綽如—巧如—存如—蓮如」としたために、今日まで蓮如は一般的に本願寺第八世とされている。

蓮如が本願寺を継承した頃には、親鸞の弟子を祖とするいくつかの門徒集団が各地で活動していたものの、それらは統合されていなかった。本願寺も、その集団の一つである。そこで蓮如は、親鸞の子孫がつとめる本願寺を中心に、親鸞門流を統合し、新しく教団を形成しようとした。本願寺は青蓮院門跡の末寺であったから、天台宗からの独立をはかろうとしたのである。親鸞門流は一向宗《いっこうしゅう》と呼ばれ、そのように自称する者も多くいた。しかし、一向宗は、彼らを指すだけではなく、時宗や山伏などを指す場合にも用いられる幅広い呼称であった。そこで、蓮如は一向宗という呼称を嫌い、「無碍光宗《むげこうしゅう》」と自称する教団を作ろうとする。

まず蓮如は、師の絵像を本尊とする風潮を問題視し、十字名号《じゅうじみょうごう》「帰命尽十方無碍光如来《きみょうじんじっぽうむげこうにょらい》」を本尊として定め、これを門徒らに授与し、帰依するように求めた。十字名号の下付により、本願寺系の道場を増やしていったのであった。また蓮如は、親鸞を宗祖《しゅうそ》、自身を宗主《しゅうしゅ》と位置づけて連座像を描かせ、これを広く示した。

蓮如継職の翌年、興福寺に所属する地侍たちが、南都《なんと》の本願寺系の「一向念仏衆」を追放し処罰した（『経覚私要鈔《きょうがくしようしょう》』）。その理由は「非法の私宗を建立」したからである（年未詳七月一八日付「六方衆等言上状案《ろっぽうしゅうらごんじょうじょうあん》」）。新たに宗派を建立しようとする蓮如の動向が危惧されたのであった。

さらに、寛正《かんしょう》六年（一四六五）、本願寺は、比叡山延暦寺によって討伐された。これを寛正の法難という。蓮如が無碍光宗という一宗を建立して勢力を増大させているのを危ぶんだ延暦寺が襲撃したのである。結局、青蓮院の仲介のもと、蓮如が謝罪し三千疋《びき》の示談金を支払ったことにより、事態は収束に向かった。けれども、この法難により本願寺はすっかり破却されてしまい、その後、東山大谷の地に戻ることは二度となかった。居場所を失った蓮如は、各地を転々としたのち、文明《ぶんめい》元年（一四六九）、長男順如の協力のもと、比叡山東麓《とうろく》の天台宗園城寺の南別所近松寺《ごんしょうじ》の境内に坊舎を建立し、そこに親鸞の真影を安置した。この坊舎が実質上の本願寺であった。

吉崎御坊の建立

文明三年（一四七一）、応仁《おうにん》・文明の大乱の中、蓮如は、真影の護持を順如に託し、比叡山の圧力から遁《のが》れるようにして越前《えちぜん》国や加賀《かが》国の方々を巡り歩いたのち、越前と加賀の国境の地である越前国吉崎山《よしざきやま》の頂に吉崎御坊を構えた。北陸地方では、すでに綽如や巧如、存如が教化をしていたため、布教のための基盤があったのである。

蓮如は、吉崎御坊を拠点として御文《おふみ》（現在、真宗大谷派では御文、浄土真宗本願寺派では御文《ごぶん》章《しょう》と呼ぶ）を用いた布教活動にあたる。御文とは、教化《きょうげ》のための書簡である。蓮如は、多くの御文を用いて、その教えを積極的に門徒らに説いたのである。各地に散逸した八〇通の御文は、のちに五帖《じょう》（五冊）にまとめられた。『五帖御文』については、蓮如が編纂したとする説のほか、本願寺第九世の実如、さらには実如の次男円如《えんにょ》が編纂したとする説がある。

『五帖御文』に漏れた御文は、江戸時代になって『帖外御文』としてまとめられている。その後も、御文の収集は続けられ、現在のところ二三〇通以上確認されている。

宗派名としての浄土真宗

蓮如は、法難にあっても宗の建立をあきらめなかった。無碍光宗という宗名は寛正の法難の要因の一つであったために断念し、その代わりとして浄土真宗と名乗り、あいかわらず一向宗という名称は受け入れなかった。蓮如は、文明五年（一四七三）九月二二日付御文に、その理由をしたためている。そこでは、親鸞門流が阿弥陀仏にひたすら帰依する信仰を持っているから一向宗と呼ばれるとして一向宗という呼称に一定の理解を示した上で、そもそも開山である親鸞はこの宗を浄土真宗と定めており、一向宗とは名乗っていないとしている。さらに、法然の流れを汲む浄土宗のうち、浄土真宗以外では、もろもろの雑行《ぞうぎょう》を許可しているから仮の極楽浄土に生まれてしまうのに対して、親鸞門流では、雑行を認めないので真の極楽浄土への往生が叶うのだとした。それゆえ、真の字を加え真宗というのであると説き、親鸞門流の優位を強く主張したのであった。ただし、浄土真宗という呼称は、その後も浸透せず、あいかわらず一向宗と呼ばれ続けた。

ちなみに親鸞は、『浄土高僧和讃《じょうどこうそうわさん》』で、法然について次のように讃嘆していた。

智慧光《ちえこう》ノチカラヨリ
本師源空アラワレテ
浄土真宗ヲヒラキツツ
選択本願ノベタマフ

法然がこの世に現れて浄土の真の教えを明らかにした、と詠じている。つまり、親鸞の理解としては、浄土の真の教えは自身が明らかにしたのではなく師法然こそが明らかにしたというものであった。

吉崎での布教活動

蓮如は、精力的に北陸各地を歩き回り、帰依を集めるようになっていった。寛正の法難で本願寺が破却されて以降、「無碍光」が入る十字名号の下付はあきらめ、吉崎では、当時一般に普及していた六字名号「南無阿弥陀仏」を草書体で書き、門徒に大量に下付しはじめる。門徒は、与えられた六字名号を本尊として所持したのであった。

文明五年（一四七三）八月二日付御文によると、吉崎御坊の周囲には加賀、越中《えっちゅう》、越前の三か国の門徒が寄り集まり、「多屋《たや》」と称して甍《いらか》を並べて家を建てたということであり、その数はなんと一、二百軒にも及んだ、という。「多屋」（他屋）とは、蓮如の側近や有力坊主衆の詰所のことである。「多屋」は、地方から吉崎に参詣した門徒たちの宿坊も兼ねていた。文明五年八月二日付御文によると、馬場大路という大きな道ができ、南大門、北大門という名前がつくほどに発展していたという。蓮如は、吉崎山の山中を往来する道俗男女の数は幾千万とも数え切れないほどであると感慨を綴った。この数字には誇張はあるだろうが、ともかくにも吉崎御坊が巨大な勢力を有するようになり大変賑《にぎ》わっていたことは間違いない。

勢力が大きくなれば、敵もその分増える。そこで争いを避けるために、他宗を誹謗《ひぼう》してはいけないことや、守護地頭を軽視してはいけないこと、阿弥陀仏以外の仏菩薩や神を軽んじてはいけないことなどを、御文で再三にわたって注意喚起している。このようなことをする門徒が多くいたためであろう。

蓮如は、御文で、信心を得て真の極楽浄土に行くべきことや、信を得たのちには報謝の念仏を称《とな》えるべきことを繰り返し説いている。しかし、北陸の地では、精力的に布教活動を展開したものの、他力の信心の理解を得るのは容易ではなかったようである。

たとえば、文明五年九月付御文によると、吉崎には御坊建立から三年が経過した頃には多くの人々が集まるようにはなったが、ただ集まっては賑やかにするばかりだったという。業を煮やした蓮如は、他力の信心を得て極楽往生しようと願わない者たちに、出入り禁止の措置を講じたのであった。

吉崎では、僧侶に施しの品を多く贈ればその僧の力によって往生できる、という考えがはびこっていた。蓮如は、そのような状況に、「カクノゴトク坊主ト門徒ノアヒダ（間）ニヲイテ、サラニ当流ノ信心ノココロエ（心得）ノ分ハヒトツモナシ。マコトニアサ（浅）マシヤ」と、文明五年九月中旬御文で嘆息している。

似たようなことは越前国北の庄でも起きていた。北の庄には、お金や施しの品を絶えず贈ることが浄土真宗の趣意であり、それこそが往生の手段だと考える僧が多くいたのである。蓮如はこれについて、文明六年八月一〇日付御文で「マコトニ当流一儀ノ趣ヲウルハシク存知シタル体《てい》ハ、一人モ更ニナキヤウニ思ヒ侍《はん》ベリ」と嘆いている。

文明六年一揆と文明七年一揆

蓮如が吉崎にいた頃の北陸では、応仁・文明の乱の波及によって、まさに東軍と西軍の激戦が繰り広げられていた。越前では東軍の朝倉《あさくら》勢と西軍の甲斐《かい》勢が、加賀では東軍の富樫政《とがしまさ》親《ちか》勢と西軍についた守護富樫幸千代《こうちよ》勢が一国の覇権をめぐって争っていた。文明六年（一四七四）閏五月、甲斐勢が敗北したために北陸は東軍が優勢となり、西軍の富樫幸千代勢は窮地に立たされた。親鸞門流の一つであり加賀で勢力を保持していた高田《たかだ》派勢は、蓮如の勢力増大を危惧し、幸千代に味方して、本願寺系の坊主衆や門徒衆に殺害をはじめとする悪行をなした。そこで政親勢は、本願寺勢に味方するよう促すことになる。結局、本願寺勢は、法敵打倒のため、守護富樫幸千代勢と高田派勢と戦い、勝利した。これが文明六年一揆《いっき》である。

ところが、一揆はこれで収まらなかった。文明七年には本願寺勢の一部と加賀国守護富樫政親勢の一部が衝突してしまう。文明七年一揆の勃発《ぼっぱつ》である。結局、これを機に、蓮如は吉崎から退去することになった。

ちなみに、蓮如退去後も、蓮如の七男蓮悟《れんご》らが吉崎御坊を守り勢力を保ち続けた。そして長享《ちょうきょう》二年（一四八八）、守護富樫政親は、ついに本願寺の門徒を中心とする勢力によって滅ぼされたのである。加賀一向一揆として知られる事件である。蓮如が門徒らによる一揆を扇動したことを示す史料は、現存していない。むしろ、門徒が弾圧されることを案じ、このような行動を諫《いさ》め、叱咤《しった》することに努めていたのであった。

畿内への帰還と真宗諸派の帰依

さて、畿内へ戻った蓮如は、出口御坊《でぐちごぼう》（現在の大阪府枚方《ひらかた》市）、富田《とんだ》御坊（現在の大阪府高槻《たかつき》市）、堺《さかい》御坊（現在の大阪府堺市）を建て、勢力を拡大していく。

文明一五年（一四八三）には山科本願寺《やましなほんがんじ》（現在の京都市山科区）を完成させ、本願寺の再興を成し遂げた。御影堂と阿弥陀堂を持つ山科本願寺は、本山とされ、後土御門《ごつちみかど》天皇からは香箱《こうばこ》の寄進を受け、室町幕府将軍足利義尚《あしかがよしひさ》の母日野富子《ひのとみこ》の参詣を得た。山科本願寺建立をきっかけに、仏光寺《ぶっこうじ》をはじめとする真宗諸派や天台宗寺院、真言宗寺院などの他宗に所属していた寺院まで傘下に入ることになり、教団が創設された。

蓮如は、多数の御坊を建立した。晩年には大坂御坊《おおさかごぼう》（現在の大阪府大阪市）も建立している。蓮如が建てた御坊のなかには、子どもたちに与えられたものも多い。結果として子宝も、教団発展に大きく寄与したのであった。

今日の教団の基盤を作ったのは、蓮如である。蓮如が多くの人々からの支持を受け、教団を確立することができたのは、政治的能力のみならず、その人柄によるところが大きい。蓮如は、とにもかくにも門徒を大切にした。

たとえば、本願寺に参詣した門徒らには、寒い季節には温まることができるよう熱い酒を出し、暑い時には冷酒を出した（『実悟旧記《じつごきゅうき》』）。はるばる遠国から参詣に来た門徒には直接対面して食事を振る舞い歓待した。蓮如の一〇男実悟著『本願寺作法之次第《ほんがんじさほうのしだい》』によると、あるとき蓮如が門徒に出す予定の食事を試食してみたところ、大層塩辛くまずかったので、料理した者を「遠国よりもはるばると上《のぼ》られ候聖人《しょうにん》の御門徒の人に加様《かよう》にわろく肴《さかな》をこしらへたる曲者《くせもの》」と、厳しく叱咤したという。東国の門徒を親鸞の門徒として尊重したその姿勢も、多くの支持を集めた理由の一つなのであろう。

二、教説と信仰

他力信心と報謝の念仏

蓮如はどのような教えを説いていたのだろうか。御文をもとに、検討していきたい。親鸞と蓮如の教説には共通点が非常に多くある。蓮如は、他力の信心を得た時点で往生が定まることや、その後に称えるべき報謝の念仏について、繰り返し説いた。これらは、親鸞の教えの根幹となる部分である。

信心については、文明六年（一四七四）七月三日付御文で次のように述べている。

私蓮如は、阿弥陀仏の光明の縁に導かれ、前世での善根の縁があり、他力信心を今すでにいただきました。他力の信心というのは、阿弥陀仏がお授けくださる信心であると、すぐに明らかに知られました。したがって行者が起こす信心ではありません。阿弥陀仏からいただく他力の信心であることが今こそ明らかに知られたのです。これによって、阿弥陀仏ありがたくもひとたび他力の信心を得た人は皆阿弥陀仏の御恩についてよく考え、報謝のために常に称名念仏を申し上げるべきです。

親鸞の教えにのっとり、信心とはあくまでも自力で獲得するものではなく、阿弥陀仏から授けられるものだ、としている。

さらに、年月日未詳御文（堅田修編『真宗史料集成』二所収「諸文集」第二四四通）では、親鸞一流の教えについて次のように説く。

親鸞聖人の一流では、一念発起平生業成《へいぜいごうじょう》といって、臨終時を特別視せずに来迎をたのみにはしません。（中略）心を一つにして阿弥陀仏におまかせして確かな信心を得たちの念仏でも、なお自分の往生のために祈る気持ちがあるのであれば、それは自力の行為となります。ひたすらに往生は一念で定まるのであると心得て、阿弥陀仏への報謝の念仏であると思うべきであります。

蓮如は、親鸞の著述を緻密《ちみつ》に読み込みその教えを理解し、他力の信心や報謝の念仏について、繰り返し御文で説いている。

阿弥陀仏一仏への帰依

親鸞は、阿弥陀仏以外の仏菩薩や神を軽んじてはならないものの、礼拝する必要はないとした。蓮如もこの教えを引き継いでいる。他宗派からの攻撃を気にしてか、阿弥陀仏以外の仏菩薩や神を軽んじてはいけないことを御文で再三にわたって説いた上で、文明五年（一四七三）九月下旬付御文では、次のように述べている。

> モロモロノ雑行ヲサシヲキテ、一向ニ弥陀如来ヲタノミタテマツリテ、自余ノ一切ノ諸神諸仏等ニモココロ（心）ヲカケズ、一心ニモハラ（専）弥陀ニ帰命セバ、如来ハ光明ヲモテソノ身ヲ摂取シテステ（捨）タマフベカラズ。コレスナハチワレ（我）ラガ一念ノ信心決定シタルスガタ（姿）ナリ。

つまり、もろもろの雑行を捨て去りひたすらに阿弥陀仏をたのみにし、阿弥陀仏以外の仏や神に心をかけずにひたすら阿弥陀仏に帰依することこそが、他力の信心を得た者の姿である、と説いている。

さらに、文明五年一二月一三日付御文では次のように述べている。

雑行とは何かというと、阿弥陀仏以外の仏をたのみにし、その他の功徳や善根、また一切の神々などにこの世で役にも立たない細々としたことを祈ることを、すべて雑行として嫌います。このように視野を狭くして阿弥陀仏一仏だけをたのみにした上で、一切の功徳や善根、一切の神仏にすがったら鬼に金棒であり、ますます良いのではないかと思うかもしれませんが、かえって悪いことなのです。たとえば仏典以外の書物には「忠臣は二人の主君には仕えない。貞女は二人の夫には嫁がない」とあります。仏法ではない世間の教えからも、ただ一つをたのみにしなくてはだめであると知られます。（中略）阿弥陀仏一仏をおたのみすれば、すべての仏や神にいっぺんにおたのみしたことになります。これによって、阿弥陀仏のみにおたのみすれば、一切の神も仏も喜んで守ってくださるのです。それゆえ、阿弥陀仏だけにおすがりし、信心を決定し、必ず西方極楽世界の阿弥陀仏の浄土に往生すべきであります。

ここでは阿弥陀仏以外の仏や神にすがり現世利益を願うことを批判した上で、このような仏や神に礼拝するのではなく阿弥陀仏だけに絞って礼拝するべきだとしている。阿弥陀仏に礼拝すれば、すべての神仏に礼拝したのと同じことになり、そのことをこそすべての神仏も喜ぶのである、としている。

ちなみに同様のことは、文明六年三月一七日付御文にも見える。ここでも「南無阿弥陀仏トイヘル行体ニハ、一切ノ諸神諸仏菩薩モ、ソノホカ万善万行モコトゴトクミナ《（皆）》コモ《（籠）》ルガユヘ《（故）》ニ、ナニ《（何）》ノ不足アリテカ諸行諸善ニココロ《（心）》ヲトドムベキヤ」と述べ、念仏には一切の神々や仏菩薩も、その他のすべての行もすべて包摂されているので、様々な善行や修行に心をとめる必要はないのだ、と強調しているのである。

病と宿業

また、病気治療を不要だとする考え方も、親鸞と蓮如とでは共通する。蓮如は、文明九年（一四七七）九月一七日付御文で、病は前世の宿業によるものだと説き、いかなる病を受けて死ぬかはまったく分からないことであるとした。このような教説は、その後も変わらなかった。たとえば、延徳《えんとく》四年（一四九二）六月一〇日付御文では、疫病が流行し多数の死者が出たことについて、疫病によってはじめて死んだのではなく、生まれたときからすでにこうなることが決まっていたのだ、という見解を示しているのである。蓮如は、親鸞や覚如、存覚の著作を多数読み解き、実に真摯《しんし》に学んだ。その成果が、御文にも表れているといえよう。

念仏と現世利益

蓮如は、念仏による現世利益の効果を強調する傾向にある。文明一〇年（一四七八）九月一七日付御文では、「不信心ノ人々ハスミヤカ《（速）》ニ無上菩提ノ信心ヲトリテ、一仏浄土ノ来縁ヲムスバ《（結）》ントオモハ《（思）》ン人々ハ、今世後世ノ往生極楽ノ得分トモナリハンベ《（侍）》ルベキモノナリ」として、阿弥陀仏の極楽浄土に往生させていただく縁を結ぼうと思う人々は、この世での利益も後世の往生極楽の利益も得ることができるでしょう、としている。

同様のことは、年月日未詳御文（稲葉昌丸編『蓮如上人遺文』第五四通）にも見える。現世のことを祈る者は藁《わら》を得るようなものであり、浄土往生を願う人は稲を得ようとするようなものだとする経典があるとして、稲を得ればおのずと藁を得られるのと同じであると説いている。つまり、信心を決定した者は、現世利益を祈らなくても、自然と諸々の仏菩薩や神々のご加護を得ることができるのだ、と主張している。

このように蓮如は、自力信仰を否定しつつ、信心を得ることによって結局は現世利益も叶うのだという論を展開した。親鸞の思想の影響を受けつつ存覚の論も借用したのだろう。蓮如は、宗祖親鸞の教えを継承する者として、自力行為による現世利益を説くことなどできない。しかし、目の前にある利益である現世利益を説かなくては、布教もままならなかったのだろう。そこでこのようなかたちで現世利益を強調し、布教活動に努めたのだと考えられる。

布教の工夫

蓮如は、布教にあたり、他力信心を得て往生することを易行《いぎょう》であると強調した。一例を挙げると、文明一三年（一四八一）一一月一四日付御文では、次のように述べている。

自力ノ成シガタキ事ヲキクトキ、他力ノ易行ナルコトモシラレ、聖道ノ難行ナルヲキクトキ、浄土ノ修シヤスキコトモシラルルナリ。

前述したように、蓮如は、門徒のほとんどが他力の信心を得られていない、と嘆いていた。そうではあるものの、聖道門による往生よりは浄土門による往生のほうがはるかに容易であると説く必要があったのである。そうしなくては、門徒らの心を摑むことは難しかったのだろう。蓮如は、門徒らのより多くの支持を集めるべく、他力信心を得て往生することがいかに易しいかを強調したのであった。

蓮如は、御文で布教するにあたり、なるべく門徒らの理解が容易であるよう努めていたと考えられる。たとえば、御文では、往生には他力の信心が必要であるとされているものの、自力の行者のための仮の浄土である化土《けど》（辺地、疑城胎宮《ぎじょうたいぐ》）については強調されていない。

蓮如は、親鸞の数多くの著作を読み、さらには書写までして精力的にその教えを学んでいたので、化土の思想を知らなかったはずはない。したがって、親鸞が門弟宛の書簡や和讃で真実報土と化土について頻りに説いていたのに対して、蓮如はあえて御文で強調しなかったことになる。その理由は、教えが複雑になり門徒らの理解が難しくなるのを避けるためだったのではないだろうか。前述したように、親鸞の教説では、他力の信心の重要性を説く場合と阿弥陀仏の広大な慈悲を説く場合とで、化土の示し方が異なっていた。蓮如は、親鸞の教えに沿って他力信心の必要性を強調したものの、門徒の理解が容易になるように工夫した上で説いていたといえよう。

布教に長けた蓮如は、往生の可否に悩む女性たちの心も積極的に摑もうとした。罪深い女性であっても、自力の行を捨て去り、他力の信心を求めて授けられたならば、必ず極楽往生を遂げられる、と御文で何回にもわたって強調したのである。そもそも仏教では、女性は男性よりも罪業が深いとされている。蓮如は、女性を救済できるのは阿弥陀仏のみであるとして、他力の信心による女性の往生を強調し、女性からの支持も得ようと努めたのであった。

蓮如は、毎月一度会合を開き、門徒たちに互いの信心を語り合わせた。このような会合の場を通して、他力の信心の獲得を期待したのである。中世社会には、重要な課題は衆議の場で決めるという作法があった（神田千里『蓮如―乱世の民衆とともに歩んだ宗教者―』）。その時代にあった方式を採ったことも、多くの支持を集めた理由の一つなのだろう。

誤解を与えかねない教説

蓮如は御文で他力の信心の重要性を強調した。ところが、蓮如の教説は必ずしも他力に徹してはおらず、誤解を与える可能性も孕んでいる。

たとえば、南無阿弥陀仏のいわれも知らずに念仏をただ称えれば往生できると考えている輩を批判し、文明六年（一四七四）一二月二五日御文で「他力ノ信心ヲトルトイフモ別ノコトニハアラズ。南無阿弥陀仏ノ六ノ字ノココロ《心》ヲヨクシ《知》リタルヲモテ、信心決定ストハイフナリ」と説いている。要するに、蓮如は、他力の信心をいただくとは、南無阿弥陀仏の六字のいわれをよく知っていることであると考え、南無阿弥陀仏のいわれを知らなくては他力の信心を得ていることにはならないとしたのである。これでは、信心を自力で獲得すべきであるかのようにも読めてしまう。

たしかに、自力の努力なくして他力信心を得るのは不可能に近い。親鸞も、多くの経典を読み解いた結果、他力の重要性を知ることになった。蓮如は、「南無阿弥陀仏ノ六ノ字ノココロ《心》ヲヨクシ《知》」ろうとすることは、他力に至るまでのプロセスにおいて必要だと考えたのだろう。そうではあるものの、知ることをもって信心が決定するというのは、言葉足らずである。この教説を読んだために、南無阿弥陀仏の意味を知れば信心を得たことになると考える門徒もいたのではないだろうか。

文明一七年一一月二三日付御文も見ていきたい。山科本願寺での報恩講《ほうおんこう》の心得が示されている。ちなみに報恩講は、一一月二一日から親鸞の忌日である二八日までの七日間、親鸞の恩に応え阿弥陀仏のはたらきに感謝するために行われる。

この七日間の報恩講中に信心が決定していない輩は、一人残らず、自分の心中を気に掛けることなく、悔い改めて懺悔《ざんげ》の心を起こし、真実の信心を獲得すべきです。(中略)今年の報恩講に集まった人々に限っては、不信心の人々は今回の報恩講の期間中にすみやかに真実の信心をいただくようにすべきです。そうでなければ、何年経っても同じであろうと思われます。

前述したように、他力の信心に至るまでには、事前にそれなりの努力が必要である。蓮如は、門徒らが報恩講での聴聞を通して他力の境地へと移行することを期待したのだろう。しかしこれでは、七日の間に自分の力で信心を獲得すべきであるかのようにも読めてしまう。つまり、他力信心についての蓮如の教説には、誤解を与えかねないものもあったのである。

蓮如の期待通りには門徒らは他力の信心を得られなかった。この理由は、他力と自力の関係そのものは完全に分けて考えることができるものではなくその理解が難しいことや、それによって教説も誤解を与えやすいものとならざるをえなかったこともあるのだろう。

追善供養

御文の教説と蓮如の信仰には差異はあったのだろうか、なかったのだろうか。覚如や存覚には、差異が見られた。そこで蓮如の信仰について、検討していきたい。

まずは、追善供養の実施である。文明四年（一四七二）八月二八日付御文には、継母如円尼の一三回忌について、次のように書かれている。

三月に引き上げて法要をしましたので、きっと亡き人も仏の悟りに至っておられることでしょう。

つまり蓮如は、自身が行った一三回忌の法要によって、如円尼の往生が叶ったことだろう、と述べている。他力を説いた蓮如も、当時の社会の習慣から完全に逸脱することはできなかったのである。

また、蓮如の教えでは、阿弥陀仏のみを信仰すればそれで十分だとされていた。信心を得た人間は阿弥陀仏以外の仏菩薩や神に心を掛けない、とまでいい切ったほどである。言葉でこのように述べるのは簡単であるが、様々な仏菩薩や神を信仰することが当たり前だったこの時代、これを厳格に守るのは決して容易ではないはずである。実は、蓮如にとってもそれは当てはまっていた。

神や仏への祈願

文明一五年（一四八三）九月一七日付御文によると、蓮如は八月二九日から摂津国《せっつのくに》の有馬《ありま》温泉で湯治をしている。九月八日は晴天であり、幸運にも薬師の縁日だったので、温泉寺《おんせんじ》の本堂薬師堂《やくしどう》へ参詣し、わざわざ寺の由来の聴聞を所望している。

翌日の九月九日は重陽《ちょうよう》の節句だったので、再び薬師堂と、それから境内にある湯泉《とうせん》神社、女体権現《にょたいごんげん》にも詣でている。温泉寺は真言宗寺院であり、文明一九年に参詣した興福寺大乗《こうふくじだいじょう》院《いん》の尋尊《じんそん》は「律院温泉寺」と称しているので、真言律宗《しんごんりっしゅう》との関係もある寺だったようである（『大乗院寺社雑事記《だいじょういんじしゃぞうじき》』）。湯泉神社には、有馬温泉の守護神で薬師如来の垂迹《すいじゃく》である女体権現が祀られている。

さて、九月一一日、蓮如は、またもや薬師堂に参詣し、今度は院主に会って昔話をしている。院主とは知己の間柄だったのだろうか。それにしても三度も参詣するとは、相当なこだわりようである。薬師如来は、その名のとおり、病気を治してくれる仏である。蓮如は、自身の病気平癒を願ったのだろう。まさに現世利益である。

その上、二度目の薬師堂参詣は、重陽の節句であることを理由に行われている。そもそも重陽とは、奇数（陽数）の極の九が重なることによる呼称であり、陰陽思想に由来する。重陽の節句では邪気《じゃけ》を払い長寿を祈願し菊酒を飲む風習があるので、蓮如も長寿を祈念するために再度薬師堂に参詣したのではないだろうか。しかし、そもそも宗祖親鸞は、『正像末法和讃』で次のように詠じていた。

カナシキカナヤ道俗ノ
良時吉日《りょうじきちにち》エラバシメ
天神地祇ヲアガメツツ
卜筮《ぼくぜい》祭祀ヲツトメトス
（悲しいことです。出家者や在家者は、日時の善悪や吉凶を選ばせて、天地の神々を崇拝しながら占いや祭祀に励んでいます）

つまり、重陽の節句に延命長寿という現世利益を祈願するような者をこそ、親鸞は「カナシキカナヤ」と嘆いていたのである。蓮如は、『正像末法和讃』を書写したのだから、当然この和讃を知っていたはずであろう。その上、このときに蓮如が女体権現という神への参詣まで遂げた点も興味深い。

有馬温泉の宗教的な中心は、温泉寺の薬師堂であり、有馬に行けば薬師堂へ参詣するのはお決まりのコースであった。有馬滞在中に複数回参詣に赴いたのは、蓮如のみではなく、相国寺《しょうこくじ》の瑞渓周鳳《ずいけいしゅうほう》や興福寺の尋尊、公家の甘露寺親長《かんろじちかなが》なども滞在中複数回にわたって薬師堂へ参詣している（『温泉行記』『大乗院寺社雑事記』『親長卿記』）。ただし、有馬温泉に滞在した者は、薬師堂のみに参詣したのではない。薬師堂の他、阿弥陀堂などへの参詣もしているのである。それに対して蓮如は、御文の中で阿弥陀堂についてはまったく触れていない。阿弥陀堂に参詣しなかったのか、記録するほどには重要視していなかったのかどちらかであろう。阿弥陀仏一仏への帰依こそが必要だと説いていたにもかかわらずである。

おまけに、温泉を発《た》つときには、心のうちに次のような歌を詠んでいる。

日数《ひかず》ヘテ湯ニヤシルシノ有馬山ヤマヒモナヲリカヘル旅人

（日数も経って、薬効のあるという有馬山、その有馬山の山ではないが、病も治り、帰る旅

人の私です）

病は宿業によるものではなかったのだろうか。蓮如は、これより五年前に書いた文明一〇年九月一七日付御文でも、妻如勝尼が重篤な病に苦しんでいたときに様々な薬を与えたものの結局は宿業から逃れられずに没した、としている。つまりは、宿業によるものであるから治療をしても意味がないと説きつつも、薬師如来には病の平癒を祈願し、温泉の薬効や薬にも頼ったのであった。

文明一八年三月一四日付御文によると、出口御坊から紀伊国を旅した時、真言宗寺院の紀《き》三井寺《みいでら》にも立ち寄って、経を声に出して読み礼拝している。紀三井寺の本尊は、阿弥陀仏ではなく十一面観音菩薩である。十一面観音は、密教経典である不空《ふくう》訳『十一面観自在菩薩心密言念誦儀軌経《じゅういちめんかんじざいぼさつしんみつごんねんじゅぎききょう》』には、病気にならないことや事故で死なないこと、すべての仏に受け入れられることをはじめとする一〇の現世利益と、死後に極楽へ往生できることや臨終時に仏にまみえることができることなどの来世での果報が説かれている。蓮如は、十一面観音菩薩に何を祈願したのだろうか。

このように、蓮如についても、親鸞の血を引きその教えを継承する者としての教説と、実際の信仰とには隔たりが見られるのである。蓮如も、呪術信仰が当たり前であった時代に生きていた。その影響を受けなかったわけがない。他力信心と現世利益との関係を積極的に説いた蓮如である。現世利益がいかに人々の心を摑むかはよく分かっていただろう。蓮如自身も、しばしば現世利益を求めずにはいられなかったのだから。

古代から現代に至るまで、日本人の多くは特定の神や仏のみを信仰対象とはせず、様々な神や仏菩薩を信仰してきた。日本には八百万《やおよろず》の神がいるとしばしばいわれる通りである。ところが浄土真宗の教えでは、阿弥陀仏一仏に帰依するべきであるとしている。これまで浄土真宗については、一神教的な宗派であるから、権力者に歯向かう一向一揆などを起こしたのだ、と説明されてきた。しかし、そもそも蓮如とて、薬師如来や女体権現などに参詣していたのである。浄土真宗の歴史の中でこのようなことをしたのは蓮如のみではない。覚如や存覚だって同じである。当然のことながら、親鸞の教えの継承者であると主張していた彼らがそうなのであれば、門徒らについてはいわずもがなであろう。少なくとも中世の段階では、教義上はともかくとして、実際の信仰は一神教的とは必ずしもいえないのである。

臨終

最晩年の蓮如は、大坂御坊や富田御坊で過ごしていたが、明応《めいおう》八年（一四九九）、死が迫っていることを感じ取り、山科本願寺を臨終の場に選んだ。門弟空善《くうぜん》の『空善聞書《ききがき》』によると、三月七日には行水をして衣装を改めた上で親鸞の御影に暇乞いをしている。蓮如は、親鸞の御影を生身《しょうじん》の御影とし、生きているかのように考えていたために、極楽往生の前に暇乞いしたのである。九日には、親鸞の御影を枕の側の押し板に懸け、頭北面西に横になった。一九日からは重湯も薬もいらないといい、ただただ念仏ばかりを称えて「早く往生したいものだ」と述べたという。そして二五日、「イカニモ御シヅカニ（静）ネブリ（眠）候ゴトクニ」息を引き取ったのであった。

かつて蓮如は、娘見玉《けんぎょく》が亡くなったあとに夢を見た。どのような夢かというと、火葬にしたのちに白骨から三本の青い蓮の花が生え、その花の中から一寸ばかりの黄金《こがね》の仏が光を放ちながら現れた。それがほどなくして蝶《ちょう》となって消え失《う》せた、というものである。この夢について蓮如は、まさに見玉の魂が蝶になって極楽浄土へ参ったという意味なのだと疑いなく思ったと、文明五年（一四七三）八月二二日付御文で告白している。

中国思想の影響もあり、日本では古代から、死者の霊魂はしばしば蝶や蛍、蜻蛉《かげろう》などの虫になると考えられていた。ふわふわと彷徨《さまよ》いながら空を舞う姿が死霊を想起させたのだろう。かねてより自身の極楽往生を確信していた蓮如は、自分の魂が蝶になって極楽浄土へ向けて羽ばたく様を心に思い描いて亡くなったのだろうか。

実悟編『蓮如上人御一期記《れんにょしょうにんごいちごき》』では、蓮如の臨終は次のように語られている。

二十五日ノ午《うま》ノ正中《しょうちゅう》ニ御往生。イカニモ閑《しずか》ニ御子《ね》ムリアルガゴ《（如）》トクニテ、無病無煩ニシテ念仏ノ御息ハトドマリ給侍リキ。（中略）廿五日ノ朝ト昼ト夕トニ三ケド日メグルコトケシカラズ、日ノ廻リニ紫雲ハ五色ニタチワタル。空花《くうげ》ハ空ヨリモ雪ノフルガゴ《（如）》トシ。

ここでは、眠るようにして息を引きとったことや、無病無煩であったことが強調され、紫雲の奇瑞も語られている。蓮如一〇男の実悟の信仰もまた、平安浄土教の影響を受けたものだったのである。

三、教団の拡大

順如期

蓮如のあとに本願寺を継いだのは、長男順如《じゅんにょ》（一四四二―八三）であった。文明三年（一四七一）、順如は、蓮如の北陸進出のため、大津の近松御坊で親鸞の真影を護持する任務を与えられた。けれども順如は、本願寺を継いだものの、いつの頃からか病気になり、酒浸りの毎日となってしまった。病のせいで、本尊や御影の裏書も自分で書くことはままならず、配下の者に書かせ、自分は判を捺《お》すだけ、という始末であった。順如自らが裏書を書いていない本尊では、それを下付された門徒もがっかりしたことであろう。結局順如は、四二歳で父に先立つことになる（実悟編『本願寺作法之次第』）。順如が下付した本尊や御影は、その後、犬猿の仲だった弟実如《じつにょ》によって回収されてしまったので、わずかしか現存していない。

そうではあるものの、寛正の法難によって大谷の本願寺が破却され危機的状況にあったなか、順如の巧みな交渉のおかげで園城寺の南別所近松の坊舎を建立できたのである。蓮如は、吉崎御坊を順如に任せようとしていたほどであった。蓮如の順如への信頼は非常に篤かったといえよう。

実如期

順如亡き後、蓮如が本願寺を引き継ぎ、その後五男実如（一四五八―一五二五）が継承した。実如は、蓮如から本願寺継承を委ねられた時、自身が親鸞以来の教義を正しく理解できていないことや、大きくなった教団を統率していく自信がないことを理由に断った。が、「引き受けないとは親不孝だ」と強く迫る蓮如に押し切られ、結局引き受けることになったのである（『栄玄聞書《えいげんききがき》』）。実如は、本願寺歴代から順如の名を削除し、蓮如を第八世、自身を第九世と位置づけた。

本願寺を継ぐ自信がないといっていた実如は、その後精力的に布教活動を行い、教団を一層強大なものとした。具体的に述べると、非常に多くの六字名号を下付し、道場や寺院も多数創設した。さらには、実如の署名と花押《かおう》入りの証判御文（証判御文章）を次々と授与していった。これは、教義の理解に自信がない実如のために、蓮如が生前に指示したことであった。実如の時代になると、御文はさらに広範囲に広まっていった。実如は、蓮如の示した方針に従いつつ、本願寺の教線を全国に拡大し、教団をさらに堅固なものとすることができたのである。

実如の妻は、公家の高倉永継《たかくらながつぐ》の娘であった。同じく永継の娘を母に持つ青蓮院門跡の尊鎮《そんちん》親王との関係のもと、永正《えいしょう》一一年（一五一四）には実如は法印《ほういん》の位の僧が用いる香袈裟《こうげさ》を許可され、永正一五年には紫袈裟を勅許された。紫袈裟は、天皇の勅許によって、法親王《ほっしんのう》や特別な高僧のみが着用を認められた袈裟である。これらは、本願寺の社会的地位がずいぶんと上がったことを示している。

石山合戦

ところが、勢力の増大は、結果として大きな合戦をもたらすことになってしまった。顕如《けんにょ》

（一五四三─九二）とその長男教如（一五五八─一六一四）の代でのことである。顕如の父証如《によ》の代から、宗主自らが軍を率いて参戦するようになり、戦国大名化しはじめた。そして、好戦的な証如に刺激された門徒を中心に、摂津や河内《かわち》、大和《やまと》などの国々で一向一揆が勃発しはじめる。これがきっかけとなり、本願寺と幕府の有力者細川晴元《ほそかわはるもと》との関係が悪化し、山科本願寺は火攻めにあい、焼亡してしまう。その後、大坂御坊が本願寺とされるようになった。

顕如は、一五歳の時に公家三条公頼《さんじょうきんより》の娘と結婚した。公頼は、婚姻時にはすでに殺害されていたものの、従一位左大臣にまで昇った人物である。この娘は、細川晴元の猶子となり、さらには戦国大名六角義賢《ろっかくよしかた》の猶子となった上で顕如と結婚している。公家や幕府の有力者、戦国大名は、本願寺との関係を積極的に築き、利益を得ようとしたのである。以前にもまして本願寺の地位は高まっていたのであった。

さらに顕如は、永禄二年（一五五九）には、正親町《おおぎまち》天皇から門跡《もんぜき》の勅許を得ている。浄土真宗自体は、いまだ勅許を受けた宗派ではなかったものの、本願寺の門跡寺院昇格は、浄土真宗にとっても大きな意味を持つといえるだろう。

本願寺は、各地に守護不入《しゅごふにゅう》の特権を持つ寺内町《じないまち》を作り、一向一揆の拠点とし、さらに強大な勢力を持つようになっていった。寺内町は紺屋、大工、紙屋、油屋などや農民などにより形成された集落であり、堀や土塁で囲まれ防衛されていた。天下統一を目指していた織田信長は、各地に大きな勢力をはって一向一揆を組織していた本願寺顕如に対して強い危機感を抱いたからか、顕如に対して様々な無理難題な要求をするようになった。顕如は、信長からの要求に当初はなんとか応じたものの、しまいには大坂本願寺の破却を要求され、信長と戦うことを決意した。これが元亀《げんき》元年（一五七〇）九月から約一〇年間にもわたり断続的に続いた、いわゆる石山合戦《いしやまかっせん》の始まりである。顕如は越前の朝倉氏や近江《おうみ》の浅井氏、六角氏、三好《みよし》三人衆と手を結び、「法敵」信長を打倒すべく戦った。正月二八日付の宛名欠文案（『顕如上人文案』中）では、門徒らに次のように呼びかけている。

当宗既に滅亡この時に候か。それにつきて門弟の輩、この度一人残らず報謝の志を抽《ぬき》んでられ、抑《そもそ》も開山の一流いよいよ繁昌候様、聊《いささ》かも油断なく各申し合はされ、馳走《ちそう》あるべき事肝要に候。しからば極楽往生の本意、さらに疑ひあるべからず候。

顕如は、今にも浄土真宗が滅亡しそうであるという窮状を訴え、報謝のために戦うようにと促している。その上で、本願寺のために戦った者は、必ず極楽往生を遂げるだろう、としている。

この顕如の言は、他力の信心を獲得した時に往生が定まるとした親鸞の信仰とは程遠いものである。石山合戦に参戦した門徒の旗には、「進者往生極楽、退者無間《むげん》地獄」（進まば往生極楽、退かば無間地獄）と墨書されていた（毛利氏黄旗組軍艦旗）。参戦すれば極楽に往生できるが、しなければ地獄の中でも最もひどい無間地獄に堕ちてしまう。顕如の言葉を受け、門徒間にこのような信仰が広がったのだろう。

顕如は、信長に敵対する戦国大名と次々に手を結び、さらに途中からは室町幕府一五代将軍足利義昭《あしかがよしあき》とそれに与《くみ》する大名とともに戦った。しかし最終的には、敗北することになる。

天正《てんしょう》七年（一五七九）一二月末、朝廷の仲介のもと、本願寺と織田信長は和睦《わぼく》の方向へと動き出した。和睦の条件として、信長は、本願寺を含めた教団全体の赦免とその地位の保障をかかげ、その代わりに本願寺が大坂から退去し出城《でじろ》の花熊《はなくま》と尼崎《あまがさき》も引き渡すなどの条件を出した。結局、本願寺がこれを受け入れ、和睦は成立したのであった。

天正八年四月、顕如は大坂から退去して、紀伊国の鷺森《さぎのもり》御坊に入った。ところが、長男教如は父顕如と行動をともにはしなかった。教如は、信長を信頼せずに和睦を拒否し、依然として大坂本願寺に残ったのである。教如は、信長がかつて降参した門徒を焼き殺したことや、信長の家臣柴田勝家《しばたかついえ》が和睦の条件を破り加賀を攻撃し続けたことから、信長への疑心を増していったのであった。顕如は、和睦を拒否する教如を非難した。それに対し、教如は、顕如から本願寺を譲られたと主張したので、両者は決裂してしまった。

教如が考えた通り、信長はやはり手強い相手であった。本願寺と信長は和睦したはずだったが、花熊城が陥落させられ、教如も大坂本願寺から退去せざるをえなくなったのである。顕如と教如は、天正一〇年に信長が本能寺の変で殺害されたのち、正親町天皇の仲介のもとに、ようやく和解することができた。

本願寺の東西分裂

顕如と教如の和解ののち、豊臣秀吉《とよとみひでよし》の庇護のもと、京都の六条堀川に本願寺は移転した。文禄《ぶんろく》元年（一五九二）に顕如が急死すると、後継ぎ問題が浮上する。豊臣秀吉は、教如に本願寺を継承させたが、その母如春尼《にょしゅんに》は教如ではなく弟の准如《じゅんにょ》に継がせようとして顕如の譲《ゆずり》状《じょう》があると主張したのである。秀吉は譲状があるのならば、と准如に譲るよう教如に命じ、本願寺の北にある屋敷（北ノ御所）に隠退させた。隠退させられたものの、教如は、御影堂と阿弥陀堂をあわせ持つ屋敷に住み、仏事勤行《ごんぎょう》を執り行っていたので、形だけの隠居をしていたことになる。

慶長《けいちょう》五年（一六〇〇）、秀吉の死後に勃発した天下分け目の戦いである関ヶ原の戦いの直前に、隠居していた教如は東軍の大将徳川家康《とくがわいえやす》のもとへ陣中見舞いに駆け付けている。一方、准如は西軍の大将石田三成《いしだみつなり》に近しかったと考えられる。関ヶ原の戦いは、徳川方の勝利となるので、教如には先見の明があったことになろう。

　慶長八年、家康はついに征夷大将軍《せいいたいしょうぐん》に任じられ、江戸幕府を開いた。同じ年、教如は家康から烏丸《からすま》六条と七条の間の土地を寄進されてそこに一寺を建立した。末寺や門徒の約半数がこちらに従い、本願寺は分裂することになる。のちに、准如の本願寺が西本願寺（浄土真宗本願寺派）、教如の本願寺が東本願寺（真宗大谷派）と呼ばれるようになり、現在に至っている。

　現在の浄土真宗をこれほどまでに巨大化させた功績は、蓮如に負うところが大きい。カリスマ性を持ち政治的手腕に秀でた蓮如がいなければ、現在の浄土真宗はないであろう。しかし、蓮如が巨大な教団を作ったがために、結果として戦に巻き込まれていくことにもなった。

　浄土真宗の開祖とされた親鸞には、大教団や大寺院を作ろうとした形跡はない。それどころか寺院建立の意図さえなかった。報謝のために参戦するよう門徒らに呼びかけ積極的に参戦した子孫を、親鸞はどのように思うだろうか。

終　章　近代の中の浄土真宗——愚の自覚と現在

一、理想化されてきた教団像

鎌倉新仏教中心史観

明治維新から約一〇〇年間、日本では西欧文明への憧《あこが》れのもと、近代化が推し進められた。それによって、日本の歴史の中に西欧に匹敵するような近代的な要素を発見することに大きな努力が払われることになる。これは仏教についても同様であった。いわゆる鎌倉新仏教は、堕落してしまった旧仏教への批判的精神を存分に含んで立ち上げられた、と捉えられるようになる。それによって、西欧の宗教改革との類似性が指摘されるようになったのである（佐藤弘夫『鎌倉仏教』）。

最初に鎌倉新仏教の祖師たちを宗教的に偉大な人物たちとして注目したのは、プロテスタント宣教師であった（大隅和雄『中世仏教の思想と社会』）。たとえば、内村鑑三《うちむらかんぞう》（一八六一―一九三〇）は、堕落したカトリック教会に批判をたたきつけ、ドイツで一六世紀に宗教改革運動を起こしたマルティン・ルター（一四八三―一五四六）らに対比して鎌倉新仏教の祖師を語ろうとした。次第に、法然や親鸞、栄西、道元、日蓮、一遍《いっぺん》を開祖とする鎌倉新仏教への関心が高まり、特に親鸞の浄土真宗が鎌倉新仏教の代表として認識されるようになる。

学問の世界でも、鎌倉新仏教は西洋の宗教改革と比較するかたちで着目されるようになった。西洋史学者の原勝郎《はらかつろう》（一八七一—一九二四）は、鎌倉新仏教を西欧の宗教革命に擬《なぞら》えて「我国の『宗教改革』と名《な》づけても、大なる誤りは無からうと信する」（「東西の宗教改革」）とし、その後の仏教史研究に多大な影響を及ぼした。

夏目漱石『こゝろ』

鎌倉新仏教への関心は、近代文学の世界にも及んでいく。たとえば、夏目漱石《なつめそうせき》（一八六七—一九一六）の『こゝろ』（『東京朝日新聞』『大阪朝日新聞』に、大正三年〔一九一四〕四月から同年八月まで連載）には、語り手である「私」に宛てた「先生」の過去について告白する長い手紙が収められている。

「先生」は学生時代に下宿先の「お嬢さん」に恋心を抱いていた。あるとき「先生」は、「真宗の坊さんの子」である同郷の友人「K」とともに日蓮ゆかりの地である房州を旅した。「K」は、真宗寺院の出であったにもかかわらず聖道門の日蓮宗に傾倒しており、「精神的に向上心のないものは馬鹿だ」と「先生」を挑発する。対する先生は「お嬢さん」への恋心ゆえにそれを笑って聞き流すことができずに「君は人間らしいのだ。或は人間らし過ぎるかもしれないのだ。けれども口の先だけでは人間らしくないような事を云うのだ。又人間らしくないように振舞おうとするのだ」と応戦した。「先生」は、自力での救済への期待を否定し煩悩にまみれた自己を自覚するよう促した親鸞の教えを援用して、自身の内面を正当化しようとしたのである。このような言葉が発せられた背景には、親鸞が妻帯を是としていたことがあるのだろう。

その後、「K」から「お嬢さん」への恋心を告白され、なんとかそれを摘み取ろうとした「先生」は、かつての「K」の言葉「精神的に向上心のないものは馬鹿だ」を逆に「K」に浴びせかけ、「K」を再び日蓮の聖道門の思想へと引き戻そうとしたのであった（野網摩利子「宗教闘争のなかの『こゝろ』」）。

『こゝろ』では、浄土門の親鸞思想と聖道門の日蓮思想が「K」の心情変化に大きな変化をもたらすきっかけとして語られ、非常に重要な意味を与えられている。

倉田百三『出家とその弟子』

清沢満之《きよざわまんし》（一八六三―一九〇三）、近角常観《ちかずみじょうかん》（一八七〇―一九四一）、暁烏敏《あけがらすはや》（一八七七―一九五四）によって、唯円《ゆいえん》の『歎異抄《たんにしょう》』が脚光を浴びるようになる。『出家とその弟子』は、大正五年（一九一六）、倉田百三《くらたひゃくぞう》（一八九一―一九四三）が同人誌『生命《せいめい》の川』に発表した戯曲である。人妻と恋に落ち他人の運命を損なった罪を負う善鸞や、恋に悩む唯円。彼らと親鸞との交流を中心に描かれている。恋がテーマの一つとされている点は、近代的な視点によるものだといえよう。『出家とその弟子』は、大正六年には岩波書店から出版されてベストセラーとなり、英語やフランス語などに翻訳され、日本のみならず世界から多くの反響を呼んだ。

『出家とその弟子』では、親鸞はどのように語られているのだろうか。最晩年の親鸞が病に臥した場面を見てみたい。親鸞、唯円、唯円の妻勝信《しょうしん》の三者が登場する。

親鸞　仏さまのみ名をほめたてまつれ……（次第に夢幻的になる）わしの心は次第に静になってゆく。遠い、なつかしい気がする……仏さまが悲引《ひいん》なさるのだ……。外は涼しい風が吹いているのだね。

唯円　（ぞっとする）はい。いいえ、あかあかと入陽《いりひ》がさしています。

親鸞　近づいて来るようだ。兆しが……座敷は綺麗に掃除してあるね。

唯円　塵《ちり》一つ落ちてはおりませぬ。

親鸞　わしのからだは清潔《きれい》だね。

勝信　昨日、御沐浴《ごもくよく》遊ばされました。

親鸞　弟子達を呼んでおくれ。皆呼んでおくれ。わしが暇乞いするために。最後の祝福をあたえてやるために。

勝信　かしこまりました。（立ち上る）

唯円　（深き動揺を制する。小声で勝信に）お医者様を。

勝信いそぎ退場。

唯円　（親鸞の手を握る）お師匠様。お気をたしかにお持ち遊ばしませ。

親鸞　（うなずく）お燈明《とうみょう》を。仏壇にお燈明を。南無阿弥陀仏。

死の間際の親鸞は、居所が綺麗に掃除されているかどうかということや、自分の体が清潔な状態かどうかを気にかけている。これは、まさしく、阿弥陀仏は穢れがあるとそれを嫌って来迎しないという、平安浄土教の思想そのものである。親鸞は、他力の信を得た瞬間に往生が確定するのであり、臨終時の来迎を期待するのは自力の行者であると再三にわたって説いていたはずである。それが、この戯曲にはまるで反映されていない。倉田は、親鸞の死はこのようにあるべきだと考えたのであろう。

『出家とその弟子』は、『歎異抄』をもとにしているものの、キリスト教の影響を強く受けた作品となっている。たとえば、最後の場面にあたる親鸞の臨終では、長男善鸞が自力の行へと走ったのは「悪魔」の仕業であると親鸞は語り、さらには親鸞の魂は「天に返」ったとされている。ここでいう「天」は、キリスト教の概念である。親鸞は、極楽浄土への往生を目指していたのであって、「天」を目指してはいなかった。キリスト教の影響は、明治維新以降、ドイツで宗教革命を起こしたルターらと親鸞が対比されて語られてきたことと関連するのであろう。『出家とその弟子』は、ベストセラーになり、新たな親鸞像を定着させるのに一役買うことになる。

武者小路実篤『親鸞の結婚』

武者小路実篤《むしゃのこうじさねあつ》（一八八五―一九七六）の『親鸞の結婚』は、昭和八年（一九三三）二月一日発行の『主婦之友《しゅふのとも》』一七―二に発表された。角書《つのが》きには「教祖物語」とある。『親鸞の結婚』は、親鸞の伝記の中でも結婚に着目して小説化したもので、次のようなあらすじとなっている。

法然のもとを九条兼実が訪れ、念仏さえ称《とな》えていれば妻帯しても往生できることを確認する。その上で兼実は「それならあなたのお弟子の中、どなたかに私の娘をもらつていただけないでせうか」と尋ねる。そこで親鸞が、兼実の娘玉日《たまひ》と結婚することになった。

親鸞は美しい玉日との結婚に喜びを隠すことができない。法然から「結婚してよかったか」と質問されると、「よすぎます」と実に素直に答えている。その後、法然と兼実が親鸞と玉日のもとを訪れる。二人の幸せそうな姿を見た法然と兼実は、嬉しい気持ちでいっぱいになった。帰り道、兼実は「私は今日初めて本当の夫婦、本当の家庭と云ふものを見ました」といい、それに対して法然が「結婚しても成仏が出来ることがおわかりになつたでせう」と答えたのであった。

法然と兼実が帰ったあと、親鸞は妻玉日に、師法然がいかに優れているかを、次のように語っている。

私は、これからうんと勉強して、今日の恩に報いたく思ひました。上人様の念仏を全世界にひろめないでは、私は我慢が出来なくなりました。こんなに喜びながら、成仏ができる宗教なんて、あの大きな太つ腹な人でなければ思ひもよらないことです。誰でも喜べる。誰でも安心して生きてゆける。あの方は、疑つてゐても、念仏さへ唱へれば成仏出来ると、いつかおつしやつていらつしやいました。その答の大きいのに、私は驚いてしまひました。あのひとの懐の大きさ、誰がとびこんでも笑つてゐられる大きさ。あの方には敵《かな》はないのです。学問の深さ広さでも、あの人の足もとに及ぶ人はないのですが、あの人の太つ腹には誰も及ぶものはありません。

法然は「疑つてゐても、念仏さへ唱へれば成仏出来る」と説いたとされ、それを親鸞が称賛している。しかし実際の法然は、念仏を称えることが往生の要《かなめ》だとしていたものの、信心の重要性についても説いている。さらには、親鸞は、他力の信心を重要だとし、阿弥陀仏の本願を疑う者は化土に堕ちる、とまで述べていた。武者小路実篤は、それを知らなかったのか、もしくは史実からは離れて自由に書いたのかのどちらかであろう。

法然には誰人《たれびと》も及ばないとして称賛する親鸞に、玉日はそのようなことはないという。続く会話は次のとおりである。


「私は一人あると思ひますわ。」

「ありません。」

「あります。」

「決してありません。」

「ところがあるのです。」

「誰です。お釈迦さんですか。」

「今生きてゐる方で。」

「そんな人は断じてありません。」

「ところが断じてさう云ふ方がゐるのです。」

「誰です、私の師に優る人は。そんな人があると他の人が云つても私は腹が立つてくるのです。現在、私の妻のあなたに、そんなことを云はれると、私は本当になさけなくなります。」

「誰だかあてゝごらんなさい。」

「ゐないものが、あてられますか。」

「さう云ふ方は、ゐます、ゐます。」

「ゐません、ゐません。」

「こゝにゐるぢやありませんか。」

「誰もゐないぢやありませんか。」

「その人はあなたよ。」

「馬鹿!」

親鸞は笑ひ出した。

「あなたも内心さう思つてゐるのぢやないの。」

親鸞は笑つた。如何《いか》にも愉快さうに笑つた。

そしてあとで、真面目な顔をして云つた。

「そのことは誰にも云つてはいけませんよ。」

「云ふものですか。ゐたでしよ。」

「今はゐません。しかし三十年後には、ゐるかも知れませんね。」

「それは誰？」

「わからないのですか。」

「わかりますわ。」

「だがそれ迄《まで》になるのは大へんなことだと思はなければなりませんよ。」

小鳥はまた来て囀《さえず》つてゐる。

二人は歓喜した。

「何が来ても恐れない。」

親鸞はさう思つた。


『主婦之友』は、東京家政研究会の石川武美《いしかわたけよし》（一八八七—一九六一）によって創刊され、都市部の核家族化した家庭の主婦を主な読者層とした大衆向け雑誌である。『親鸞の結婚』が発表された昭和八年は、日中戦争前の比較的余裕のある時期であった。『親鸞の結婚』は、親鸞の思想についてはほとんど触れず、私的でほのぼのとした小説となっている。悪くいえば、会話のあり様が大衆じみていて、高尚さは微塵《みじん》もない。武者小路実篤の小説らしく、徹頭徹尾、非常におめでたい雰囲気で満ち溢《あふ》れている。核家族化した家庭を営む主婦が目指す夫婦円満な理想像を親鸞と玉日に演じさせたとでもいおうか。実篤は、親鸞と玉日に、核家族化した家庭を営む夫婦を重ね合わせ、理想的な夫婦像を描いたのであろう。近世までの親鸞の伝記と比べると、親鸞が非常に大衆的に語られている。この点については注目すべきであろう。

合理的に読み解かれる親鸞

近世までの親鸞伝には、多くの奇瑞など、現代からすると非合理的な記述が含まれていた。ところが、近代になるとそのような部分は切り捨てられ、合理的な解釈がなされる傾向にある。非合理的なものは、文学作品にもあまり出てこず、出てきたとしても親鸞の重要な要素としては語られない。このような動向の中、親鸞に関する史料の批判が大々的に行われ、親鸞の存在自体までを疑うような動きまで出てきた。

それに対して、辻善之助《つじぜんのすけ》（一八七七―一九五五）は親鸞の筆跡研究を行い、真筆を割り出し、たしかにこの世に生きた人物であったことを明らかにした。さらに、戦前の研究としては、鷲尾教導《わしおきょうどう》（一八七五―一九二八）の研究も挙げなくてはならない。鷲尾は、西本願寺の宝庫で『恵信尼文書』を発見した。『恵信尼文書』発見により、親鸞の家族構成やその私生活がより明らかになったのである。

戦後になっても、家永三郎《いえながさぶろう》（一九一三―二〇〇二）らによって、旧仏教と新仏教はカトリックとプロテスタントに対比され、あいかわらず二項対立式に論じられていた。ここでは、近代的な価値観によって、旧仏教は非合理的、貴族的、難行であり、新仏教は合理的、民衆的、易行《いぎょう》として図式化され、旧仏教を悪、新仏教を善とする見方が定着するようになった（末木文美士『親鸞―主上臣下、法に背く―』）。悪そのものである旧仏教が権力と癒着して威勢をふるうなか、呪術を否定し個人の内面を凝視する近代的合理性を持ち合わせた新仏教が登場し、新仏教の時代となったのだという鎌倉新仏教中心史観が幅をきかせるようになるのである。

このような史観は、歴史教育にも盛り込まれ、広く一般に定着するようになった。近現代的価値観における理想を親鸞に投影し、合理的だと考えられる事柄を親鸞の著作の中に見つけて恣意的に拾い集める作業がなされ、さらには非合理的なものは切り捨てられた。それにより、合理的で実践しやすい教えを説き民衆に寄り添い中世の仏教の代表的存在となったという、輝かしい親鸞像が構築されたのである。

顕密体制論

ところが一九七〇年代、黒田俊雄《くろだとしお》（一九二六―九三）の顕密体制論によって、鎌倉時代にはいまだ新仏教は広範には流布しておらず、主流は旧仏教（顕密仏教）だとされるようになった。黒田は、旧仏教を正統と見なす社会の中で、新仏教はあくまでも小さな勢力の異端的なものであったと結論付け、鎌倉新仏教中心史観を否定したのである。その上、旧仏教の中の改革運動にも着目し、それも異端としてまとめて捉え、異端派こそ優れた仏教であったと高く評価した（黒田俊雄『日本中世の国家と宗教』）。黒田の登場によって、鎌倉新仏教中心史観は崩壊することになる。

その後に顕密体制論を継承した平雅行は、異端派を新仏教と見なし、その価値を強調した（平雅行『日本中世の社会と仏教』）。たしかに中世を通じて、天台、真言をはじめとする旧仏教は、神祇信仰とも結びつきながら大きな勢力を保持していた。それは間違いない。

しかし、旧仏教と新仏教を二項対立式に捉えて「正統」と「異端」とするには、その前提として旧仏教と新仏教がまったく異質な信仰を持つものであったことを証明しなくてはならないだろう。はたして、旧仏教の信仰と新仏教の代表者法然・親鸞の信仰は、それほどまでに異質だったのだろうか。答えは否である。

選択・専修・易行

従来、いわゆる鎌倉新仏教の特徴は、選択《せんじゃく》（一つの教えを選ぶこと）、専修《せんじゅ》（もっぱら一行を修すること）、易行（誰にでも簡単にできる修行）であり、とりわけ、その代表と見なされてきた法然や親鸞の教えは、易行である点に革新性があるとされ、旧仏教とは大きく異なることが盛んに強調されてきた。

しかし、専修、易行は概念に多少の違いはあるものの、旧仏教でも提唱されていた（平雅行『日本中世の社会と仏教』）。その上、本書で述べてきたように、少なくとも親鸞の思想を継承した子孫は、教説上はともかくとして、実際の信仰上では必ずしも選択および専修に徹してはいなかったのである。つまりは、親鸞の思想は、理念と現実の狭間で揺れ動きながら受容され、さらには継承されていったのであった。

従来の研究には、親鸞やその家族、継承者の信仰を理想化して論じてきたものが非常に多い。それゆえ、親鸞らは選択および専修に徹していたことを前提として論じられてきた。しかし、このような認識は今後、改めなくてはならないだろう。

法然の専修念仏は、たしかに易行である。称名念仏を称えれば極楽往生できるというのは、分かりやすく実践も容易だからである。では、親鸞が提唱した他力の信心による往生は、本当に易行だったのだろうか。この点については大いに疑問がある。

親鸞でさえ、他力と自力の狭間で揺れ動きながら、いかに他力に徹することが難しいかを実感し、それを率直に晩年の和讃で詠じている。長男善鸞は、京都で親鸞のそば近くにいた時にはおそらく他力の信心を重んじる考え方をしていたのであろうけれども、東国へ下ったのちには呪術信仰の世界に入り込み、すっかり腕利きの呪術者になってしまった。さらには、親鸞の子孫でありその教えを継承する立場にあった覚如や存覚、蓮如は、他力の教えを門徒らに説きながらも、それとは必ずしも一致しない信仰を持っていた形跡がある。蓮如は、親鸞と同様、易行を強調しつつも、実際には揺るぎのない他力信仰を持つのがいかに難しいかを実感していたのであった。

親鸞が説いた他力による往生には、深い学問知識や峻厳《しゅんげん》な修行は不要である。その点では、一見、易しいといえるだろう。けれども、娑婆世界にいる我々人間は、阿弥陀仏像を造像し拝むことはできても、極楽浄土に住む阿弥陀仏の姿そのものを目にすることは決してできない。実際のところ、不可視の阿弥陀仏の誓願を信じ切り全面的に身を委ねることは、非常に難しい。これは中世の人間にとっても同じだったのだろう。目に見えないモノノケや怨霊などへの恐怖は容易に抱けても、目に見えない仏を信じ切ることは難しかったのである。それだからこそ、来迎の確信には目や耳、鼻で感じ取ることのできる奇瑞が必要とされたし、目に見え実体が確かである五輪塔が盛んに造られ往生が願われたのであろう。要するに、他力による往生は、晩年の親鸞が嘆いたように、決して容易ではなかったのである。

しばしば近現代的な価値観から、親鸞は呪術を完全否定した合理主義者だと論じられるが、そうではない。呪術による往生は否定したが、呪術そのものの効果については否定していないからである。親鸞やその家族らが生きた時代には、豊作祈願や病気治療、臨終などの場面で呪術に依存するのが当たり前であった。親鸞らは、呪術を真向から否定できるような時代には生きていなかったのである。

また、これまで親鸞は中世人であるにもかかわらず、現代人から見ると神秘に他ならない奇瑞を否定し、現代に近い進歩的な感覚を持っていた、とされてきた。これも正しくない。親鸞は臨終時に奇瑞がなかったとしても、他力の念仏者は必ず往生できるのだと説いただけである。奇瑞そのものを否定してなどいない。むしろ親鸞は、臨終時に奇瑞があればそれはそれで素晴らしいことだと喜び、奇瑞があったと耳にすればそれを書きとどめ感動したのである。

中世は、呪術と同様、奇瑞などの、いわゆる神秘を完全否定できるような時代ではなかった。親鸞は、呪術による現世利益が求められ神秘が信じられた時代に生を享け、その中で他力の教えを説いた。近現代的な価値観によって、親鸞の著作から合理的な箇所だけを拾い集めて親鸞像を構築するのは不適切である。そろそろ、歴史の中に親鸞やその教えを継承した人物たちの信仰を位置づけて、呪術信仰の世界の中で生きた彼らを活写していくべきであろう。

結局のところ、法然や親鸞、その家族、継承者の信仰は、平安浄土教の影響下にあった。彼らの信仰は、「異端」といわれるほどには天台宗の信仰をはじめとする既存の信仰と大きく隔絶してはおらず、その延長線上にあるものとして位置づけていくべきものである。したがって、法然や親鸞の信仰の新しさや特殊性ばかりを強調するのは、適切ではない。

教えの魅力

親鸞の教えやその信仰は、従来いわれてきたほどには革新的ではなかった。そうではあるものの、親鸞在世時にはそれなりに門弟が集まっていた。また、のちの蓮如の代では、教団化されて勢力が拡大されていくことになる。親鸞の教えがこれまで強調されてきたほどには革新的ではなかったとすると、なぜこれほどまでに巨大な教団となることができたのだろうか。

法然や親鸞は、無学の者でも罪を犯した者でも、念仏さえ称えれば、あるいは他力の信心を得さえすれば救われる、と説いた。法然の弟子津戸三郎為守《つのとのさぶろうためもり》は、再三にわたって、無智の自分でも往生できるのかどうかを書簡で問い合わせている。これは、無智では往生できないという当時の「常識」のもとに抱いた不安によるものである。殺生を生業とする武士階級の者も法然や親鸞の教えに惹きつけられたことからすると、救済の平等性が強調されて宗教的弱者への配慮がなされたことは、魅力の一つだったのだろう。

浄土真宗教団は、蓮如やその息子実如の代で確立し、拡大しはじめた。カリスマ性を持つ蓮如の布教が卓越していたからであるのは述べるまでもない。今日の浄土真宗の発展は、それによるところが非常に大きい。蓮如は、親鸞の教えの中でも、門徒にとって難解だと思われる箇所に関しては省いて布教した。少しでも分かりやすく、しかし、他力の信心など教えの中でも核となる箇所についいては強調して説いたのであった。カリスマ性や抜群の指導力のほか、布教の工夫も大いにあり、教団を確立し発展させることができたのである。

前述したように、突き詰めていくと他力の信心による往生は決して易行ではない。ところが、蓮如は、他力の信心とは程遠い状況にある数多くの門徒を目にし、布教の難しさを実感しつつも、御文では易行であることを強調し続けていた。やはり「易行」は、惹きつける言葉だったのだろう。厳しい修行を必要とはせず、ただひたすらに信じることを求める教えは、特に往生に大きな不安を持っていた武士や女性、さらには無智の人々にとって、さぞかしありがたく聴こえたことであろう。

二、浄土真宗史と家族

浄土真宗史の中の義絶

浄土真宗の歴史を紐解《ひもと》くと、様々な場面でいかにも人間くさい家族の問題に出くわすことになる。たとえば、親鸞は長男善鸞を信頼し、自身の代理として東国へ送り込んだものの、結局は義絶してしまった。さらに、覚如は、長男存覚を二度にわたって義絶している。理由は、教義上の相違や東国の門弟との関係などが考えられる。結局、門弟のとりなしによって、最終的には義絶は解かれたものの、両者の関係は最後まで元には戻らなかった。

戦国時代、顕如と長男教如も、織田信長が要求した大坂本願寺からの退去をめぐって決裂し、顕如は教如を義絶した。顕如も教如も、浄土真宗教団の存続のための行動をとったのだが、見解を異にしたのである。

このように、浄土真宗の歴史を眺めてみると、親鸞や継承者の家族も、他の多くの家族が直面するのと同じような問題から決して無縁ではなかった。信仰をもってしてもなかなか解決しないのは、家族の問題だったといえるだろう。

親のいい分、子のいい分

親鸞の家族の中で、他力の信仰を持っていなかったのは善鸞だけではない。妻恵信尼もそうであった。晩年に親鸞と恵信尼は居を別にする。しかしそれは、仲違《なかたが》いしたからではない。経済的な問題など、他の問題の発生により、致し方なく別居したのだと考えられる。おそらく親鸞は、恵信尼や覚信尼の信仰が自身の信仰と異なっていたことについて、日々の会話を通して感じていただろう。そうではあるものの、親鸞は彼女らとの関係を絶ちはしなかった。覚信尼の長男覚恵も、親鸞の信仰を十分に理解してはいなかった。けれども覚恵は、のちに覚信尼から大谷廟堂の留守職を継承させられているし、『最須敬重絵詞』では幼い頃から親鸞のそば近くにいたとされているのだから、親鸞との関係は良好だったのだろう。

要するに、親鸞の家族は、親鸞の説いた他力の信仰を必ずしも持ってはいなかったものの、それを理由に親鸞から愛想を尽かされたりなどはしなかったのである。家族の中では、ただ一人、善鸞のみが父親鸞から関係を断たれた。その理由は、親鸞の代理として東国へ下ったもののその役割を果たせなかったどころか門弟の信仰を乱したと親鸞が判断したからに他ならない。親鸞からすれば、一時は全幅の信頼を置いていたのだから、かわいい息子だったはずである。しかし、門弟の手前、放置することはできなかったのではないだろうか。苦渋の選択だったに違いない。

そうではあるものの、善鸞にもいい分はあったはずである。善鸞は、東国の門弟らに対する不満を親鸞に宛てて書き送っていた。また、呪術に傾倒したのは、東国の人々の信仰のあり様を目の当たりにしたからであろう。求められていたのはよく効く呪術だったのである。親鸞の時代には、遠方に住む者同士は簡単には会えないので書簡のやりとりによって意思の疎通をはかることになる。その上、書簡のやりとりといっても東国と京都では、書簡をしかるべき人に託してからそれが到着するまで二週間ほどかかる。それに、書簡のやりとりのみでは、真意を汲み取るのも難しく、さぞかし誤解も多く生じたことだろう。親鸞と善鸞の間でもそうだったと考えられる。

親鸞と善鸞は、結局のところ不幸な関係に陥ってしまった。善鸞は、親鸞を理想化して捉える風潮のもと、いまだに「親不孝者」のレッテルを貼られがちである。しかし、善鸞を信頼して東国へ送り込んだのは、ほかならぬ親鸞である。善鸞の信仰を見誤った責任は、親鸞にある。また、親鸞が信じた門弟のいい分がはたして正しかったかどうかは分からない。善鸞のいい分のほうが正しかった可能性もあるのではないだろうか。

親鸞が善鸞や門弟に宛てた書簡には、代理人善鸞がなかなか自分の思い通りにならないことへの困惑や、苛立《いらだ》ち、怒りがにじみ出ている。このような感情の背景には、「子は親のいう通りにすべきである」という思いがあるのではないだろうか。親鸞は、善鸞にそのような期待を寄せていたのであろう。それだからこそ、そうならなかった時の失望や怒りは大きかったに違いない。

覚如と存覚、顕如と教如は、いずれも親子で相反する考えを持っていた。その結果、親の思い通りにならなかった子、存覚と教如は義絶されている。義絶した側の覚如と顕如は、やはり、「子は親のいう通りにすべきである」と考えていたのであろう。しかし、存覚は、東国の門弟からの人気が高く、のちの蓮如からも「大勢至の化身」と高く評価されている。一方、東国の門弟からの反発をくらった覚如は、結局は本願寺中心の教団を作ることはできなかった。また、大坂本願寺に残ることにした教如の見解が明らかな誤りだったかというと、必ずしもそうとはいえない。教如が抱いた信長への疑心は、正鵠《せいこく》を射ていたのである。このように、義絶された子の主張にも理がある。覚如も顕如も、思い通りにならない子のいい分に、十分耳を傾けず、対話できなかったのだろう。

愚の自覚

親鸞は、愚を自覚して自力による往生が叶わないことを知り、他力信心を得る必要がある、とした。悟りに至る能力がない愚を自覚することと、日常生活上での愚を自覚することとは、切り離して考えられない。たとえば、親鸞は、自力で悟りに至れない愚者であることを自覚するだけではなく、日常生活における愚についても凝視していた。これについては、『教行信証』「信巻」で次のように述べられている。

今、本当に知ることができた。悲しいことに愚禿《ぐとく》親鸞は、愛欲の広く深い海に沈み、名利の大きな山に迷って、正定聚《しょうじょうじゅ》に入ったことを喜ばず、真の悟りに近づいていることを楽しいと思わない。このことは、恥じるべきである、悲しむべきである、と。

親鸞が愚を深く自覚したくだりとなっている。しかし、はたして親鸞は、自身の愚を一貫して十分に自覚していたのだろうか。少なくとも善鸞義絶の時点で、愚の自覚を十分にしていたか否かについては少々疑問が残る。なぜならば、日常生活で愚の自覚に徹していたのであれば、自然と相手のいい分にも耳を傾けることにもなり、謙虚な姿勢で自身の至らなさも認めることになるので、義絶は避けられたのではないかと考えられるからである。これは、親鸞だけではなく、覚如や顕如にも当てはまることである。

実際のところ、煩悩を抱える我ら人間にとって、愚の自覚に徹することは非常に困難である。なぜならば、愚者であるからこそ、自分の能力を実際以上に過大評価し、自己の客観視を容易にはできないからである。また、愚者だからこそ、自身が愚であることをつい失念し、内省ではなく自己合理化をし、他者の批判に走ってしまいがちである。結局のところ、愚の自覚の程度は、個々人の愚の程度と関わるのだろう。はなはだしい愚者には、愚の自覚は到底無理である。それにもかかわらず、親鸞は愚の自覚の困難さについて、少なくとも現存する著作の中では触れていない。自力から他力へと移行するには、その前提として愚の自覚が必要となるはずである。厳しい自己凝視、あるいは自己否定を必要とする他力信心の獲得は、多くの人間には容易ではない。

親鸞の偉大さは、必ずしもその教えのみにあるのではなく、愚を自覚しようと志し、少なくともある程度は自覚しえたところにあるのではないだろうか。とりわけ、殺生の罪や無智などにより自身の往生に大きな不安を抱えていた者たちは、愚の自覚の必要性を説き実践しようとする親鸞の姿を目にして、勇気づけられたことだろう。

親鸞の生き方は、現代社会において、特には浄土真宗の信仰を持たない者にとっても道標となりえる。たとえば、愚を多少なりとも自覚できる者が自覚しようとする謙虚な姿勢を持てば、現代の社会が抱える諸問題の中で、解決に導かれることは多いだろう。愚の自覚を試みようとするだけでも、謙虚になり、自然と周囲の人間や様々な事柄に対する感謝の念も生じてくるはずである。自己の内の愚を少しでも自覚しようとする試みは、現代社会における諸問題解決の糸口になるかもしれない。

あとがき

本書は、歴史学を専門とする立場から、親鸞やその家族、子孫の教えや信仰のあり様を明らかにすることを目的として執筆したものである。本書では、晩年の親鸞は他力信心を得ることの難しさを痛感し、その家族は必ずしも親鸞の信仰と同じ信仰を持ってはいなかったことを述べた。さらに、継承者は、親鸞の教えを理解して門弟向けに他力信心について著作で説きつつも、実際の信仰はそこにある内容と同じだったとはいえない、とした。門弟向けの教説と実際の生活に根差した信仰とは、分けて考えるべきなのである。

ただし本書には、このようなことを批判する意図は全くない。むしろ、終生において論理が貫徹していることや全く揺れがないことのほうが、不自然ではないだろうか。家族や継承者の信仰の相違についても、多くの宗教、宗派で確認できるはずである。歴史の流れの中に身を置くからには、その時代に求められることを説き、自身もその時代に合った信仰を持つようになるのは当然のことであろう。宗祖の信仰と継承者の信仰が、ぶれることなく完全に一致することは考えにくい。

現在存続している教団で重要視される歴史上の人物は、往々にして理想化して語られがちである。しかしそれでは、彼らの真の姿を描き出すことなどできない。「人間が救われるにはどうしたら良いか」。そのことに苦悩し、自ら「愚禿」と称して揺れ動いた人間親鸞のほうが、理想化された親鸞よりも、よっぽど魅力的である。また、それぞれの時代の中で親鸞の教えを受容し、工夫しながら門弟に説き続けた継承者がいたからこそ、現在の浄土真宗があることを忘れてはならない。

本書は、前著『親鸞の信仰と呪術―病気治療と臨終行儀―』をもとにしている。前著は研究書なので、なかなか一般の方々の目に触れることはなかったかと思う。しかし、それまで「常識」とされてきた親鸞像や家族像に疑問を持ち新たな像を提示したので、少しでも多くの方々に読んでもらいたいと思っていた。それゆえ、このテーマで一般読者向けに書き下ろした新書を出せたのは、望外の喜びである。

『親鸞の信仰と呪術』は、浄土真宗史に多少詳しい方ならば、ギョッとする書名かもしれない。宗門の方ならばなおさらのことだろう。それにもかかわらず、真宗高田派第二五世法主で学者でもある常磐井慈裕氏が、真宗文化センター発行の『親鸞の水脈』第一五号に書評をお寄せ下さった。その書評の冒頭で「実に魅力的な書名である。一時代前には、考えられなかったような画期的なタイトルである」とされたことには、心底驚くとともに大変感動したものである。このテーマで一般向けの新書を書く決心ができたのは、常磐井氏の書評が大きな契機となっている。

前著については、末木文美士先生（東京大学名誉教授）、佐藤弘夫先生（東北大学教授）、松尾剛次先生（山形大学教授）、吉原浩人先生（早稲田大学教授）からも書評というかたちでご批評いただいた。斯界の権威である四先生からは、恥ずかしながらそれまで十分に考えてもみなかった研究者としての自分の立ち位置にも気づかせていただき、今後の研究についての多くのヒントをいただいた。本書では、ご教示・ご批判をふまえて記すように心がけたが、どれだけ反映できているかは心もとない。

思い出してみれば、私が歴史学に興味を持ち始めたのは、小学校中学年の頃である。自宅には、歴史好きの父が買い求めた日本史や世界史に関する書籍があふれていた。それを本棚から取り出しては、パラパラとめくって読んでいたものである。また、夏休みには近所の本屋に通いつめ、よく日本史の漫画の立ち読みではなく座り読みをしていた（余談だが、その本屋は最近つぶれてしまった。ろくに買うこともなく座り読みばかりし、申し訳なく思う）。その頃に得た「感覚」は、現在の研究生活の糧になっていると確信している。

「人が知らないことを知りたい」と考えたのが、研究者を志すきっかけであった。今思えば、生意気にも小学生の頃から研究者になろうと考えていたように思う。植物にも興味があったので生物学も候補として考えたが、結局は自然に歴史学の道へと進むことになった。
大学・大学院時代には、指導教官の今井雅晴先生（現在、筑波大学名誉教授）のご指導のもと、宗教史の研究をした。大学院では、浄土真宗ではなく天台宗を中心に研究していたが、それだからこそ、親鸞や浄土真宗と呪術の関係に着眼できたのだろう。本書の第三章で書いた親鸞の言説の揺れは、大学院のゼミで発表した内容となっている。今井先生からは、厳しい中にも温かみのあるご指導を受けた。また、大学院時代の先輩である山田雄司氏（現在、三重大学教授）からは、史料の読み方から研究のやり方、思考のあり方に至るまで、懇切丁寧なご指導をいただいた。今井先生と山田氏のおかげで、研究者になることができ、現在まででなんとかやってこれているといっても過言ではない。さらに、二十年近い研究生活では、山本隆志先生（現在、筑波大学名誉教授）、稲垣泰一先生（現在、筑波大学名誉教授）をはじめとする先生方や、調査先でお世話になった方々も含め、本当に多くの方々からのご教示・ご協力を得てきた。お一人お一人のお名前をここに記すことはできないが、心より感謝申し上げる。

本書を中公新書の一冊として出版できたことは、大変光栄である。編集部の太田和徳氏からは、最初にお会いした時から、問題の核心をつく鋭い質問が飛んできた。目の前にある和菓子の上でしばらく目を泳がせていた自分が情けない。本の完成前に、太田氏は部署が変わったため、新たに吉田亮子氏にもお世話になった。お二人は「良い本を作りましょう！」と、私の「やる気」に火をつけてくださった。御礼申し上げる。

本書には、夜中に私の仕事部屋にやってきて横から原稿を覗いては、感想やアドバイス、辛らつな批評をボソボソと呟いてくれる夫、山口直孝からもらった発想も多く含まれている。次は、私が夫の部屋に押しかけて行き、いろいろと批評をしてみようと思う。また、三歳と六歳の息子たちは、しばしば保育園を休んで、本書に収録するための写真の撮影にハイテンションで付き合ってくれた。いつかこの本を読んでくれたら、とても嬉しい。

二〇一六年九月三〇日

小山聡子

主要参考文献

赤松俊秀『親鸞』（吉川弘文館、一九六一年）
家永三郎『中世仏教思想史研究（増補版）』（法蔵館、一九四七年）
石田瑞麿『歎異抄―その批判的考察―』（春秋社、一九八一年）
石田瑞麿『日本仏教思想研究四 浄土教思想』（法蔵館、一九八六年）
市川浩史「権社と実社―存覚の神祇―」（『群馬県立女子大学紀要』三一、二〇一〇年）
乾文雄「藤原兼実と法然」（『大谷大学大学院研究紀要』一九、二〇〇二年）
井上鋭夫『本願寺』（講談社、二〇〇八年）
井上光貞『新訂 日本浄土教成立史の研究』（山川出版社、一九七五年）
今井雅晴『親鸞とその家族』（自照社出版、一九九八年）
今井雅晴『親鸞と東国門徒』（吉川弘文館、一九九九年）
今井雅晴『親鸞と浄土真宗』（吉川弘文館、二〇〇三年）
今井雅晴『親鸞と如信』（自照社出版、二〇〇八年）
今井雅晴『五十二歳の親鸞―『教行信証』の執筆―』（真宗文化センター、二〇一二年）
今井雅晴『恵信尼―親鸞とともに歩んだ六十年―』（法蔵館、二〇一三年）
今井雅晴先生古稀記念論文集編集委員会編『中世文化と浄土真宗』（思文閣出版、二〇一二年）
遠藤一「中世真宗における死の作法」（信仰の造形的表現研究委員会編『真宗重宝聚英』一〇、二〇〇六年）
遠藤美保子「『歎異抄』と親鸞の思想の異同に関する一考察―「本願ぼこり」を中心に―」（『日本宗教文化史研究』二―二、一九九八年）
大桑斉『戦国期宗教思想史と蓮如』（法蔵館、二〇〇六年）
大隅和雄『中世仏教の思想と社会』（名著刊行会、二〇〇五年）
大谷大学真宗総合研究所編『親鸞像の再構築　親鸞聖人七百五十回御遠忌記念論集下』（筑摩書房、二〇一一年）
大橋俊雄『法然』（講談社、一九九八年）
笠原一男『真宗における異端の系譜』（東京大学出版会、一九六二年）
笠原一男『蓮如』（吉川弘文館、一九六三年）

笠原一男『親鸞』（講談社、一九九七年）
梶村昇・福原隆善『浄土仏教の思想一〇　弁長 隆寛』（講談社、一九九二年）
梶村昇『津戸三郎為守』（東方出版、二〇〇〇年）
梶村昇「法然上人の病気と初期法然教団の対応―醍醐本『法然上人伝記』研究より―」（『浄土宗学研究』二八、二〇〇一年）
神田千里編『蓮如　民衆の導師』（吉川弘文館、二〇〇四年）
神田千里『一向一揆と石山合戦』（吉川弘文館、二〇〇七年）
神田千里『信長と石山合戦―中世の信仰と一揆―』（吉川弘文館、二〇〇八年）
神田千里『蓮如―乱世の民衆とともに歩んだ宗教者―』（山川出版社、二〇一二年）
菊村紀彦・仁科龍『親鸞の妻・恵信尼』（雄山閣出版、一九九〇年）
北西弘『覚信尼の生涯』（真宗大谷派宗務所出版部、一九八四年）
金龍静『蓮如』（吉川弘文館、一九九七年）
草野顕之『戦国期本願寺教団史の研究』（法蔵館、二〇〇四年）
黒田俊雄『日本中世の国家と宗教』（岩波書店、一九七五年）
子安宣邦『歎異抄の近代』（白澤社、二〇一四年）
小山聡子『護法童子信仰の研究』（自照社出版、二〇〇三年）
小山聡子『親鸞の信仰と呪術―病気治療と臨終行儀―』（吉川弘文館、二〇一三年）
酒井シヅ『日本の医療史』（東京書籍、一九八二年）
酒向伸行『憑霊信仰の歴史と民俗』（岩田書院、二〇一三年）
佐藤弘夫『鎌倉仏教』（筑摩書房、二〇一四年）
重松明久『覚如』（吉川弘文館、一九六四年）
重松明久『中世真宗思想の研究』（吉川弘文館、一九七三年）
新保哲『親鸞と恵信尼』（晃洋書房、一九九〇年）
新村拓『日本医療社会史の研究―古代中世の民衆生活と医療―』（法政大学出版局、一九八五年）
新村拓『死と病と看護の社会史』（法政大学出版局、一九八九年）
末木文美士『日本仏教史―思想史としてのアプローチ―』（新潮社、一九九六年）
末木文美士『鎌倉仏教形成論』（法蔵館、一九九八年）

主要参考文献

末木文美士『日本宗教史』（岩波書店、二〇〇六年）
末木文美士『浄土思想論』（春秋社、二〇一三年）
末木文美士『親鸞―主上臣下、法に背く―』（ミネルヴァ書房、二〇一六年）
平雅行『日本中世の社会と仏教』（塙書房、一九九二年）
平雅行『親鸞とその時代』（法藏館、二〇〇一年）
平雅行「若き日の親鸞」（『真宗教学研究』二六、二〇〇五年）
平雅行『歴史のなかに見る親鸞』（法藏館、二〇一一年）
平雅行「善鸞の義絶と義絶状」（大谷大学真宗総合研究所編『親鸞像の再構築　親鸞聖人七百五十回御遠忌記念論集下』筑摩書房、二〇一一年）
田村円澄『法然』（吉川弘文館、一九五九年）
千葉乗隆「卒塔婆から御影堂へ―本願寺影堂成立考―」（仏教史学会編『仏教の歴史と文化』同朋舎出版、一九八〇年）
同朋大学仏教文化研究所編『蓮如方便法身尊像の研究』（法藏館、二〇〇三年）
同朋大学仏教文化研究所編『誰も書かなかった親鸞　伝絵の真実』（法藏館、二〇一〇年）
同朋大学仏教文化研究所編『教如と東西本願寺』（法藏館、二〇一三年）
中井真孝『法然上人絵伝の研究』（思文閣出版、二〇一三年）
永村眞「「消息」と「聖教」」（大金宣亮氏追悼論文集刊行会編『古代東国の考古学』慶友社、二〇〇五年）
永村眞「真宗と余乗―存覚の著述を通して―」（『日本女子大学大学院文学研究科紀要』一六、二〇〇九年）
野網摩利子「宗教闘争のなかの『こゝろ』」（『言語・情報・テクスト』一七、二〇一〇年）
服部敏良『鎌倉時代医学史の研究』（吉川弘文館、一九六四年）
速水侑『平安貴族社会と仏教』（吉川弘文館、一九七五年）
速水侑『平安仏教と末法思想』（吉川弘文館、二〇〇六年）
原勝郎「東西の宗教改革」（『芸文』二―七、一九一一年）
坂東性純・今井雅晴・赤松徹真・大網信融『親鸞面授の人びと―如信・性信を中心として―』（自照社出版、一九九九年）
平林盛得『慶滋保胤と浄土思想』（吉川弘文館、二〇〇一年）
平松令三『真宗史論攷』（同朋舎出版、一九八八年）
平松令三『親鸞真蹟の研究』（法藏館、一九八八年）

平松令三『親鸞』(吉川弘文館、一九九八年)
平松令三『親鸞の生涯と思想』(吉川弘文館、二〇〇五年)
平松令三「親鸞の生涯」真宗教団連合編『親鸞』(朝日新聞出版、二〇〇九年)
藤島達朗『恵信尼公』(法蔵館、一九八四年)
本願寺史料研究所編『増補改訂 本願寺史 第一巻』(本願寺出版社、二〇一〇年)
松尾剛次『新版 鎌倉新仏教の成立─入門儀礼と祖師神話─』(吉川弘文館、一九九八年)
松尾剛次『親鸞再考─僧にあらず、俗にあらず─』(日本放送出版協会、二〇一〇年)
松野純孝『親鸞─その生涯と思想の展開過程─』(三省堂、一九五九年)
御手洗隆明「初期真宗と善鸞」(『大谷大学大学院研究紀要』一〇、一九九三年)
三山進『図説 日本の仏教四 鎌倉仏教』(新潮社、一九八八年)
守本順一郎『日本思想史【改訂新版】』(未来社、二〇〇九年)
山折哲雄『悪と往生─親鸞を裏切る『歎異抄』─』(中央公論新社、二〇〇〇年)
山田雅教「初期本願寺における浄土宗諸派との交流」(三崎良周編『仏教思想とその展開 日本・中国』山喜房仏書林、一九九二年)
山田雅教「初期本願寺における公家との交流」(『仏教史学研究』三八─二、一九九五年)
山田雅教「初期本願寺における法要儀礼─覚如を中心として─」(『教学研究所紀要』三、一九九五年)
山田雄司「親鸞における神と鬼神」(『親鸞の水脈』三、二〇〇八年)

小山聡子（こやま・さとこ）

1976年，茨城県に生まれる．98年，筑波大学第二学群日本語・日本文化学類卒業，2003年同大学大学院博士課程歴史・人類学研究科修了．博士（学術）．現在，二松学舎大学文学部教授．専門は日本宗教史．

著書『護法童子信仰の研究』自照社出版，2003年
『親鸞の信仰と呪術－病気治療と臨終行儀－』吉川弘文館，2013年
『源平の時代を視る』（共編著）思文閣出版，2014年
ほか

浄土真宗《じょうどしんしゅう》とは何《なに》か
中公新書 *2416*

2017年1月25日初版
2017年8月20日再版

著　者　小山聡子
発行者　大橋善光

本文印刷　三晃印刷
カバー印刷　大熊整美堂
製　本　小泉製本

発行所　中央公論新社
〒100-8152
東京都千代田区大手町1-7-1
電話　販売 03-5299-1730
　　　編集 03-5299-1830
URL http://www.chuko.co.jp/

Published by CHUOKORON-SHINSHA, INC.
Printed in Japan　ISBN978-4-12-102416-9 C1215